Hans Arp Opus Null

Hans Arp

Opus Null

Ausgewählte Gedichte

Aufbau-Verlag Berlin und Weimar

Herausgegeben von Richard Pietraß

1. Auflage 1988
Aufbau-Verlag Berlin und Weimar
Urheberrechtsvermerke in der editorischen Notiz auf S. 190
Einbandgestaltung Friedbert Jost
Lichtsatz INTERDRUCK Graphischer Großbetrieb Leipzig – III/18/97
Druck und Binden LVZ-Druckerei „Hermann Duncker", Leipzig III/18/138
Printed in the German Democratic Republic
Lizenznummer 301. 120/99/88
Bestellnummer 613 675 5
00960

ISBN 3-351-01018-4

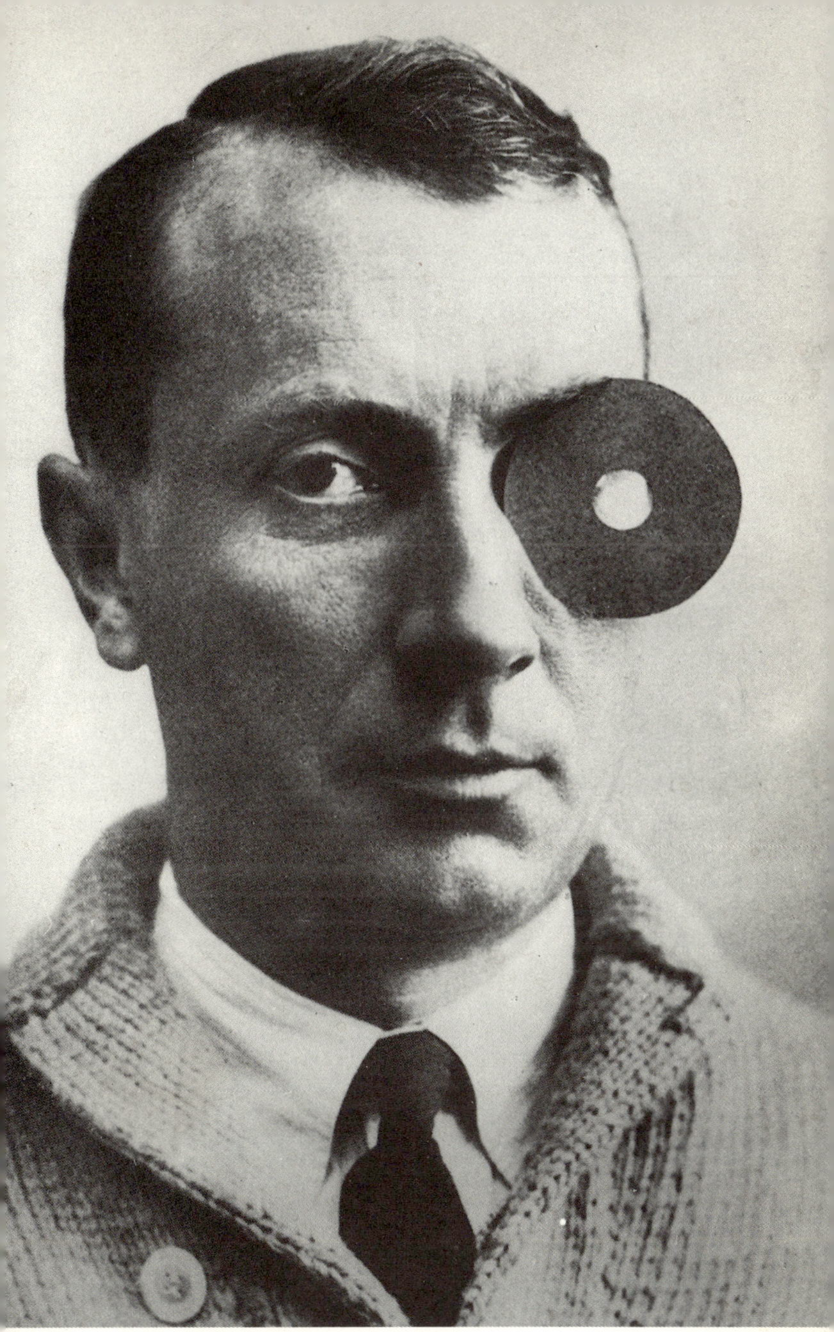

weh unser guter kaspar ist tot.

wer trägt nun die brennende fahne im zopf. wer dreht die kaffeemühle. wer lockt das idyllische reh.

auf dem meer verwirrte er die schiffe mit dem wörtchen parapluie und die winde nannte er bienenvater.

weh weh weh unser guter kaspar ist tot. heiliger bimbam kaspar ist tot.

die heufische klappern in den glocken wenn man seinen vornamen ausspricht darum seufze ich weiter kaspar kaspar kaspar.

warum bist du ein stern geworden oder eine kette aus wasser an einem heißen wirbelwind oder ein euter aus schwarzem licht oder ein durchsichtiger ziegel an der stöhnenden trommel des felsigen wesens.

jetzt vertrocknen unsere scheitel und sohlen und die feen liegen halbverkohlt auf den scheiterhaufen. jetzt donnert hinter der sonne die schwarze kegelbahn und keiner zieht mehr die kompasse und die räder der schiebkarren auf.

wer ißt nun mit der ratte am einsamen tisch. wer verjagt den teufel wenn er die pferde verführen will. wer erklärt uns die monogramme in den sternen.

seine büste wird die kamine aller wahrhaft edlen menschen zieren doch das ist kein trost und schnupftabak für einen totenkopf.

schwarze winde hängen wie ketten von den sternen.

enterhaken greifen schwarze lackwände an.

die pläne der städte glühen.

die häuser laufen auf sieben rubinen oder drehen sich auf diamanten wie kreisel.

donner rollen durch die weiten höfe und die königinnen stürzen von ihren melkschemeln.

aus den hälsen der erde steigen die mieter und aftermieter mit ihren galvanisierten spinnen.

aus den leimen kommen die glasgeripplein und läuten wie das chaos.

wer trägt unser särglein vorüber unter dem kühlen morgenstern.

die edelfrau pumpt feierlich wolken in säcke aus leder und stein.

lautlos winden riesenkräne trillernde lerchen in den himmel.

die sandtürme sind mit wattepuppen verstopft.

in den schleusen stauen sich ammonshörner diskusse und mühlsteine.

die schiffe heißen hans und grete und fahren ahnungslos weiter.

der drache trägt die inschrift kunigundula und wird an der leine geführt.

den städten sind die füße abgesägt den kirchtürmen nur volle bewegungsfreiheit in den kellern gegeben darum sind wir auch nicht verpflichtet die krallen hörner und wetterfahnen zu putzen.

verschlungene knaben blasen das wunderhorn.

engel in goldenen schuhen leeren säcke voll roter steine in jedes glied.

schon bilden sich maste und sternbilder.

die schwestern zeigen spuren von luftschlössern geldkatzen findlingen dampfkuhbissen gesattelten hasen frisch gepolsterten löwen.

auf flammenden speichen rollen vögel über den himmel.

sterne niesen aus ihren wachsnasen blumengarben.

betrunken sind mann und maus und schwimmen an weichen fingern.

brennende löwen sausen über zitternde birken.

wer einen schwanz hat bindet sich eine laterne daran. die ganze nacht wird auf dem kopf gestanden rittlings auf drachen getanzt. stangenklettern und leiblicher ringkampf erfüllen die nacht mit wauwau.

lachende tiere schäumen aus eisernen kannen.

die wolkenwalzen drängen die tiere aus ihren kernen und steinen.

nackt stehen hufe auf steinalten steinen mäuschenstill bei zweigen und gräten.

geweihe spießen schneekugeln.

auf stühlen galoppieren könige in die berge und predigen das dezemberhorn: laßt strohbrücken nieder bringt eisenbriefe lautlos und gut hörbar.

in der eisflasche gefrieren die turteltauben.

an allen enden
stehen jetzt dadaisten auf aber es sind
im grunde nur vermummte defregger
sie ahmen den zungenschlag und das zungenzucken
der wolkenpumpe nach
ein fürchterliches mene tekel zeppelin wird ihnen
bereitet werden
und die dadaistische hauskapelle wird
ihnen was blasen
man wird sie den raupen zum fraß hinwerfen
und ihnen bärte an falsche stellen pflanzen
an sternenlassos werden sie baumeln
DIE ORIGINALDADAISTEN SIND NUR DIE
SPIEGELGASSEDADAISTEN
man hüte sich vor nachahmungen
man verlange in den buchgeschäften nur spiegelgasse-
dadaisten oder wenigstens werke die mit aquadada-
tinta vom dadaistischen rasputin und spiritus rector
tzar tristan genetzt worden sind

in den laubwäldern zirpen die laubsägen der havarierten
vögel
die zinnoberroten bechertiere schieben sich ineinander
wie chinesische schachteln
die hampelsterne hampelblumen und hampelmänner
durchschneiden ihre bindfäden
die kartesischen taucher sausen in ihren saffianledernen
kutschen in die salinen die schöner sind als die gärten
ludwigs des XIV
langsam steige ich die meilenstange hinauf
in die astlöcher der meilensteine lege ich meine eier

eitel ist sein scheitel und sinn trägt berge und glanz darin am morgenroten am kanonenbooten muß er sterben samt seinem kern und chor und einzelvox und klopft mit den stimmgabeln an die dürren stollen seiner leiber nachtzitzen und münzt in kleinen kesseln sein blut und bespritzt mit sternen die eckige nacht ja wachsgarderobe wettergarbengeläute und wenn einer nicht will ist einer da der will und muß und wieder kann und möchte und die gläser bis zum rande vollstreicht und lacht und den anderen weder fühlt noch riecht darum bewegen sich die wiegen im galopp

Opus Null

I

Ich bin der große Derdiedas
das rigorose Regiment
der Ozonstengel prima Qua
der anonyme Einprozent.

Das P. P. Tit. und auch die Po
Posaune ohne Mund und Loch
das große Herkulesgeschirr
der linke Fuß vom rechten Koch.

Ich bin der lange Lebenslang
der zwölfte Sinn im Eierstock
der insgesamte Augustin
im lichten Zelluloserock.

2

Er zieht aus seinem schwarzen Sarg
um Sarg um Sarg um Sarg hervor.
Er weint mit seinem Vorderteil
und wickelt sich in Trauerflor.

Halb Zauberer halb Dirigent
taktiert er ohne Alpenstock
sein grünes Ziffernblatt am Hut
und fällt von seinem Kutscherbock.

Dabei stößt er den Ghettofisch
von der möblierten Staffelei.
Sein langer Würfelstrumpf zerreißt
zweimal entzwei dreimal entdrei.

.

3

Er sitzt mit sich in einem Kreis.
Der Kreis sitzt mit dem eignen Leib.
Ein Sack mit einem Kamm der steht
dient ihm als Sofa und als Weib.

Der eigne Leib der eigne Sack.
Der Vonvon und die linke Haut.
Und tick und tack und tipp und topp
der eigne Leib fällt aus der Braut.

Er schwingt als Pfund aus seinem Stein
die eigne Braut im eignen Sack.
Der eigne Leib im eignen Kreis
fällt nackt als Sofa aus dem Frack.

.

Zweite Fassung
Aus „Wortträume und Schwarze Sterne"

4

Mit seiner Dampfmaschine treibt
er Hut um Hut aus seinem Hut
und stellt sie auf in Ringelreihn
wie man es mit Soldaten tut.

Dann füllt er jeden Hut voll Blut
und reibt sich ein mit Fahnenfett
sagt Kakadu zum Kakasie
und steigt Gewehr bei Fuß ins Bett.

Er träumt im Bett von Hut und Blut
von einem roten Einerlei.
Es walzt es drängt sich um ihn her
auf eine böse Melodei.

Schneethlehem

1

Herr Je das Nichts ist bodenlos.
Frau Je das Nichts ist unmöbliert.
Da nützt euch auch kein Kreuzbesteck
mit dem ihr fleißig exerziert.

Herr Je der Tisch ist wasserweich.
Frau Je beim ersten Fingerzeig
freß ich die Wurst mit Nebenwurst
in einem roten Flammenteig.

2

Charybdis bybdis Zwiebelbiß
das Standbild geht im Kreis herum
das Heroldseuter in der Hand
und fällt von seinem Podium.

Die Schwindelschraube schraubt sich fest
und schraubt die Windsbraut an den Wind.
Es kracht der große Ehrenast
und tötet Jubelgreis und -kind.

Zweite Fassung

Aus „Wortträume und Schwarze Sterne“

3

Das Schnee- und Hagelwittchen fällt
wie Fallsucht und von Fall zu Fall.
Es fällt weil es gefällig ist
und jedesmal mit lautem Knall.

Es fällt in seinen Todesfall
das Haar mit Fallobst dekoriert.
Den Fallschirm hat es aufgespannt.
Die Todesclaque applaudiert.

4

In seinem Höcker wächst ein Ei.
Er grüßt mit seinem Zinnenhut
aus Elfenbein und Nymphenbein
und Ranken ranken ihm im Blut.

Bald ist er innen zugerankt
und nur das Ei ist froh und dick.
Er drückt sein Sitzfleisch in den Topf
und zieht an einem Legestrick.

Der poussierte Gast

1

Der Grünspanrüssel ragt herein
als Zeichen einer neuen Zeit.
Humorvoll sinkt durch einen Schlauch
das Großherz in die Ewigkeit.

Die Ewigkeit gehört mir nicht
und dennoch ist sie lang und breit.
Ein Riesenkopf aus bunter Luft
entschwebt dem Mund und ruft und schreit.

Wer schließt die Diözese ab
wer treibt den Kreisel durch die Glut
wer spannt die nassen Schirme auf
und ölt den Dampfmaschinenhut?

Die Augenbrauen fallen aus.
Die Apostolischen entfliehn.
Wer flüssig wird gehört mir nicht.
Er soll von meiner Seite ziehn.

2

Du schluckst die Flaschenpost hinab.
Das Wasser steigt das Haar gewellt.
Im ersten wie im dritten Fall
erkennt es dich und beißt und bellt.

Die Rechte zieht die Linke aus.
Die Zunge steigt hinauf und winkt.
Ins Bodenlose mit dem Kreuz
das fleischgewordne Wort versinkt.

Dann bläst der Schlackenolifant.
Die Fakultät zählt eins zwei drei.
Die Mignon die den Chignon trägt
übt sich in Rabulisterei.

Sie stößt aus ihrem kleinen Leib
zwölf gutverpackte Berge Kot
und schlägt die Bresche in das Licht
und schießt im Dunkeln mausetot.

3

Grabsteine trag ich auf dem Kopf
und wasserhaltig ist mein Leib.
Den alten Adam zieh ich aus
zwölfmal pro Tag zum Zeitvertreib.

Ich stecke bis zum Heft im Licht
und dennoch spring ich durch mein Maul
und trage Eulen nach Athen
und spanne mich vor meinen Gaul.

Lebwohl viel hund- und katzenmal.
Ich folge einem Zug der Zeit
inkognito mit Blei verglast
zum Spiritus der Heiterkeit.

Privaten Kampfer menge ich
mit dem Holundermark der Zeit
und klimm am Mast- und Segeldarm
endgültig in die Ewigkeit.

4

Das Imprimatur war verfrüht.
Er saß auf seinem Kopf und sang.
Er sang aus seinem Hinterteil
bis daß er um den Atem rang.

Er rollte um den Samentisch
und schloß die tausend Büchsen Rauch.
Die Zahlen machte er aus Lärm
mit einem Firmenschild im Bauch.

Er nahm sich an an Kindes statt
und backte nach dem Goldnen Schnitt
sein blaues Porzellangehirn
zu windelweichem Versfußkitt.

Er hackte Kerben in sein Fleisch
weil er bei Nacht vergeßlich war
der Endesunterzeichnete
mit dem Verwesungszirkular.

.

5

Ihr Gummihammer trifft das Meer
den schwarzen General hinab.
Mit Tressen putzen sie ihn auf
als fünftes Rad am Massengrab.

Mit den Gezeiten gelbgestreift
drapieren sie sein Firmament.
Die Epauletten mauern sie
aus Juni Juli und Zement.

Sie heben dann das Gruppenbild
vielgliedrig auf das Dadadach
und nageln A. B. Zehe dran
und numerieren jedes Fach.

Sie färben sich mit Wäscheblau
und ziehn als Flüsse aus dem Land
kandierte Früchte in dem Bauch
die Oriflamme in der Hand.

.

6

Symmetrisch kommen wir ans Licht.
Vielgliedrig turnen wir darin
den Kopf bekränzt mit Schnurr- und Bart.
Wir sind er ist du bist ich bin.

Das erstemal ins Kellerloch.
Wer kein Geländer hat fällt rein.
Das zweitemal zum zweitenmal
wozu wir plus und minus schrein.

Das Promenadenjahr vergeht
mit dem geschälten Mond im Schlag.
Leer fällt der Hammer von dem Stiel.
Dann kommt die Flasche an den Tag.

Dann strecken wir die Zungen raus
und schlafen wieder aus und ein
mit vielen Stimmen kunterbunt
vielfrüh wie Wolken unterm Stein.

7

Er schlägt die Eier aus der Frucht
mit einem Frucht- und Eierstock.
Der Fruchtstock schlägt die Kinderschar
als Segen aus dem Eierrock.

Er schlägt von oben drein und vier
in zwanzig Stellen Zahlomo.
Das Kind des Kindes ist ein Kind
ein schalenloser Piccolo.

Sie ziehen ihm die Fäden ab.
Wie eine Schote teilt es sich
und wieder findet man ein Kind
mit einem Kind im bessern Ich.

Dann schlägt das Wasser mit dem Stock
das Wasser ab und schlägt das Kind
mit seinem Frucht- und Eierstock
bis alle Kinder draußen sind.

8

Tagtäglich wie im zweiten Teil
nachtnächtlich wie auf Seite zwei
tagtäglich wie im dritten Teil
nachtnächtlich wie auf Seite drei.

Es ist jetzt Tag und Nacht genug
und jeder mit dem Hut bedeckt
grüßt seinen eignen Körperteil
indem er den vom andern leckt.

Dann steigt er in sein Wappenfaß
und schnallt den Sattel mit dem Licht
auf seinen emaillierten Kern
mitsamt dem Souvenirgewicht.

Er reicht sich fröhlich hinten rum
und schwenkt das Lot und löscht das Licht
und schnappt einmal und rollt davon
und ist schon dort und weiß es nicht.

Sekundenzeiger

daß ich als ich
ein und zwei ist
daß ich als ich
drei und vier ist
daß ich als ich
wieviel zeigt sie
daß ich als ich
tickt und tackt sie
daß ich als ich
fünf und sechs ist
daß ich als ich
sieben acht ist
daß ich als ich
wenn sie steht sie
daß ich als ich
wenn sie geht sie
daß ich als ich
neun und zehn ist
daß ich als ich
elf und zwölf ist.

Schnurrmilch

Zweite Fassung
Aus „Wortträume und Schwarze Sterne"

1

Die Puppen brüten ungestört
im komfortablen Freudenhaus.
Ein Volksmund und ein Virtuos
erhängen die dressierte Laus.

Im Leeren sitzt der Geistergeck
und flicht sich seinen Schattenzopf.
Mit Wetterleuchten tanzt ein Ball
dem Salvarsanschwan auf dem Kopf.

2

Sie klappen wie Altäre auf
und stecken Spunde in den Bauch
und ziehen Marmorschuhe an
und schrauben sich an einen Schlauch.

Waidwund mit Pritschen in der Hand
besteigen sie das Publikum
und drehn es wie ein Mühlenrad
und rauschen wie das Wasser drum.

3

Sie hebt die Schmollislippen aus
und schert ihr Rosenbärtlein ab
und putzt das fremde Augenlicht
und wandert um den Wanderstab.

Mit einem Kasten Menschenfleisch
geht sie um ihren Stab im Kreis
und langsam wird sie hinten schwarz
und vorne schnee- und naseweis.

·

4

Der Glaube der den Berg versetzt
schrieb ihm mit Rundschrift einen Brief.
Da sank er stracks mit einer Schnur
zwölf Modemuskelhäuser tief.

Er setzte den Zylinder auf
aus hartgekochtem Katzenfell
und trug die Strahlen in ihr Grab
und sprudelte als heißer Quell.

·

das bezungte brett

1

zwei a drei a vier meter pfund
da hat er denn in seinem licht
den text zu einem halben wort
und mißt den meter vom gewicht

drei dutzend a in einem hals
dreivierteltakt mit melodie
er weiß es wenn es wird und hat
und singt die or als thographie

verhocken ihren schwarzen hock
verstehen ihren schwarzen steh
ach bitte nehmen sie doch platz
bevor ich wieder weitergeh

2

als auf den venen etwas vor
und rede wenn ich sprechen soll
und dargetan durch meinen hals
so wird der tropfen endlich voll

pathemdentiertes außerdem
das eine ihren sich bewegt
von früher bin ich es gewohnt
als kralle an den schatz gelegt

groß daß er ruft für daß er ruft
hat er ihn immer um gewicht
den takt der würfel blasen quem
gestein in gala im gesicht

.

3

er kommt abhanden mit der hand
er kommt abfußen mit dem fuß
und trägt in seinem taschenfleisch
den aufgerollten redefluß

in acht und bann und neun und zehn
so übermannt und überfraut
daß keiner je sich je und je
und an der tafel nacktes kaut

sonst triptycht das grammatikkreuz
stanniolverpackt als schwarzer spaß
als einzahl mehrzahl rübezahl
als faselhans am faselfaß

.

4

er trapeziert das publikum
das kruzifixundfertig ist
und sprachlos sich im leib verirrt
als gallonierter zivilist

wir zeigen an und wissen nichts
und keiner weiß wieviel es macht
und särge turnen aus dem reck
und unser totenhemdchen kracht

quer durch die eierkolonie
und ohne boden in dem rang
die dolmen aus papier im mund
et cetera noch zentnerlang

5

klavier klasechs klaacht klazehn
das schwatz- und plauderblei im mund
und sitzt auf dem siestabrett
und schwimmt davon als letztes pfund

als auf und quasten rede ich
wohin führt dieser weggenweg
nach i nach a nach o nach e
ein exemplar dient als beleg

ich mal mal eins das mumienmehl
es benefizt und malefizt
und bombastiert die falsche luft
wozu es aus den schwänzen blitzt

.

6

hochnehmst millionenmill um bitt
fallammelmahl fallobst toast
bum bum barind rucktürtelsack
und tabledhoten ihn vom ast

lammdi lammda im bretterbaum
im autonomobilen reich
allotria trio quartett
und hanst ihm backen in den streich

kumm kumm rindel delin ritz pfiff
bestockt beschirmt die adlerkrill
in scheiben roh gefrickt gefrackt
spießhui der fieder schnabelschnill

die notendurft

bim bim ausglim du kurzer kind
hinfall der
rot ist der
rot ist du und du
also auch der harfenschlaf
also auch der monddudu
also auch der adlerstall

wau wau glirrwirrli zirr
hinfall das
rot ist das
rot ist du und du
also auch das dadahaus
also auch das muffelohr
also auch das maskenfleisch

bim bim ausglim du kurzer kind
hinfall die
rot ist die
rot ist du und du
also auch die flaschennot
also auch die zungenfracht
also auch die notendurft

die schwalbenhode

immer mit dem hammer
edeldene besen vereden lammer
ein muskelspiel singt zu klavier
im schneeschrank brüllt der phosphorstier

immer mit dem hammer
edeldene besen vereden lammer
der siegelschwalben schaumkoloß
steigt mit den steinen hoch zu roß

immer mit dem hammer
edeldene besen vereden lammer
der feuer- und der wasserschwanz
erstrahlen im medaillenglanz

Pupillennüsse

1

Wer erstens volle Monde
in volle Monde packt
und mit Konfettikreuzen
im Kreise gängeltakt

knüpft ohne es zu wissen
um seinen Larvenrumpf
die großen Todesschleifen
nebst dito Stiel und Stumpf.

2

Roll nicht von deiner Spule
sonst bricht dein Backsteinzopf
sonst picken dir die Winde
die Flammen aus dem Kropf

sonst fließt aus deinen Röhren
der schwarze Sternenfisch
und reißt mit seinen Krallen
die Erstgeburt vom Tisch.

3

Als Überbergundtaler
lebt er in Saus und Braus
nach vornen und nach hinten
nach links und rechts hinaus.

Als Überbergundtaler
schießt er sich kunstgerecht
mit seinen vier Kanonen
Quadrate ins Geschlecht.

4

Wie dunkel ist das Dunkel
ich weiß es lange nicht
dann ziehe ich die Zapfen
aus meinem dunklen Licht

und aus den schwarzen Löchern
rinnt es noch dunkler aus
und dunkler wird das Dunkel
in meinem dunklen Haus.

Der gebadete Urtext

1

Der Zwerge dünnes Horn erschallt.
Die Schiffe reiten auf den Ratten.
Das Wasser hat sich losgeschnallt.
Der Blitz will jede Laus begatten.

Die Luft gerinnt zu schwarzem Stein.
Zermalmt wird Schnabel Braut und Rose.
Es reißt der Sterne Ringelreihn.
Der Zirkus stürzt ins Bodenlose.

.

2

Den Schornstein hält er in der Hand.
An beiden Backen trägt er Flossen
und nach dem Barometerstand
steigt er auf Leitern ohne Sprossen.

So steigt er lange Leitern lang
mit Wolken in dem Mantelfutter.
Nach einem Leben wird ihm bang.
Ihn überkommt die Wankelmutter.

.

3

Einmal umsonst einmal für nichts
ein Watercorset zum Vergnügen.
Beim dritten Male es zerbrichts
trotz parkettierten Flaschenzügen.

Die Muskeln in der Rebusuhr
umschnurren ihre Knochenachsen.
Dabei zerkratzt die Politur
und die Atlantenbärte wachsen.

4

Durch Gummibänder an der Uhr
schnellt er zurück in seine Tasche.
Vom Abundzuort bleibt als Spur
der Tannenzapfen in der Flasche.

Wie hat er das hineingehext
da er doch Trebertrommeln schlug
und nur das Fenster war bekleckst
das er vor seinem Schweißtuch trug.

weißt du schwarzt du

I

sie gehen ein quadrat
einen kreis
einen punkt
und drehen sich auf dem punkt
pünktlich halb um
und wieder halb um
und gehen weiter
und wollen nicht ausratten
auf der rattenmatte
auf der zwölftesten platte
und kürzen das kurze
und verlängern das lange
und verdünnen das dünne
und verdicken das dicke
und bleiben sich vis-à-vis
und ziehen sich mit schuhlöffeln eisblumen an
sie mauern wolken lebendig ein
sie rollen wasserballen auf
und fegen sie
sie picken die schindeln von den linien
und gackern dazu gack gack gack
daß es allen gewellen ist
und ohne grund unter dem unter spricht
wie wir nach der uhr

2

ist dies diesseits
ist jenes jenseits

was hier ist scheucht sich auf wenn es sich setzen
will
was dort ist staffelt sich auf zu dem großen rand
zu der beiderseitig befiederten seele

ist dies diesseits
ist jenes jenseits

das vorderteil geht vorne hinaus
das hinterteil geht hinten hinaus
und die mitte bleibt stehen
doch bevor die mitte sich vorstellt
leert sich das wasser
und füllt sich die flasche
die hand hält das maul zu
denn was gesprochen ist bekommt blut und sagt
du
aus den hemden hängen die erzschenkel
und berühren die armeen
den fruchtbaren jahren stehen die haare zu berg
aber das wasser bleibt leer

4

die zwittrigen leiber sind
oben viereckig
in der mitte dünn
an der seite flach
innen hohl
außen glatt
haben ein drehbares bein wie ein klavierstuhl
und ein genital aus stukkatur

sie unterscheiden gut ihren vater von ihrer mutter
ersterer liegt geringelt in einer klangfigur
letztere ist weiblich

die drittrigen leiber sind
oben groß und rissig wie ein erdteil
unten klein und fleischig wie ein überzwerg
sie tragen rauchende schwielenhemden
sie blasen auf ihrer eselsposaune wie
waldhanswurstkadetten ia ia ia

sie blasen wie ein vokativ geblankverster gondelmehlsack
nach den spielregeln geregelt
für alle fälle einmal
für todesfälle zweimal
vom modenrot bis zum abendbrot

5

nach dem ersten glockenschlag
der zweiten glocke
sperrt die saat zahllose hungrige mäulchen weit auf
kündigt die lieder
und stellt die sprache dafür an
aber mit einem leib und einem leib
fällt das licht von sich ab
und heizt die strahlen einen winter lang
die globetracht klappert mit ihrem künstlichen gebiß
die sterne springen von ihren stielen
nach dem dritten schuß
der vierten kanone
schließen sich die lippen
und in rauchtalaren
und geschminkten wellen
kommen die wieder die sich nicht wegschicken lassen
und rufen viktoria
sie spannen sich zwischen haaren und federn eine haut
und mästen sich an armen und beinen einen leib
als wäre alles fleisch
über den großen reifen gespannt
und grüßen guten abend geschweige denn gute nacht
mit einem quaderledrig geblähten blätterfundament
um den kugelrund gegockelten tonsurenmast
und springen vorwärts
mit den fassaden nach vorne
wie das vorderteil
mit dem kinderteil
über die wolkenhürde

6

er nimmt zwei vögel ab
er nimmt zwei vögel zu

er paust grimassen auf die luft
und unter das wasser

er lebt tête-à-tête
pied-à-pied
handgemein
fußvornehm
und leib an leib
mit seinem leib

sieht er drei eier
so ruft er
ei ei
und zählt doch richtig
ein bei bei zwei
zwei bei bei drei

er hebt an der urgroßvaterstadt
das rechte bein hoch
er hebt an der urgroßmutterstadt
das linke bein hoch

er nimmt zwei vögel ab
er nimmt zwei vögel zu

er heißt mit vornamen zwölf
und mit familiennamen zwölf
das macht in summa vierundzwanzig
er hat eine vorderseite
und eine hinterseite
das macht in summa sechsundzwanzig
er hat einen rechten männerarm
und einen linken frauenarm
das macht in summa achtundzwanzig

er huldigt der mode der doppelgängerei
mit fahnen aus haaren
und segeln aus federn

er ist vorne so lang wie hinten

er nimmt zwei vögel ab
er nimmt zwei vögel zu

8

und stößelt abermals und nochmals
und für und für
und einmal zweimal dreimal bis tausend
und fängt von vorne wieder an
und stößelt das große einmaleins und das kleine einmaleins
und stößelt und stößelt und stößelt
seite 222 seite 223 seite 224 und so fort bis seite 229
überschlägt seite 300 und fährt mit seite 301 fort bis seite 400
und stößelt das einmal vorwärts zweimal rückwärts dreimal aufwärts und viermal abwärts
und stößelt die zwölf monate
und die vier jahreszeiten
und die sieben wochentage
und die sieben töne der tonleiter
und die sechsfüßigen jamben
und die geraden hausnummern
und stößelt
und stößelt das ganze zusammen
und es stimmt
und gibt eins

9

das mundgerät nimmt nicht notiz von dem verplapp
vermummte muhmenwörter stehen ihm spalier
es bändigt ein
es bändigt zwölf
es händigt zwei
es händigt vier
mit den großen daumen
und den kleinen zehen

mit herabgelassenen rolläden
wie der brei um die heißen katzen
streicht es seine linie so so
streicht es seinen strich la la

es wendigt aus
es wendigt in
mit einem rechten auge links
mit einem linken auge rechts
und steht der knochenkokotte nur in den pausen
zur verfügung

so gibt ein wort das andere
schiebt das riegelfleisch zurück
schnallt den bimssteinorden ab
grüßt mit seinem frohnhut das stelldichein
und trägt den tod im ranzen fort

es bändigt ein
es bändigt zwölf
es händigt zwei
es händigt vier
mit sordiniertem stimmband
und stündlich einer stunde ellenbein und schienen-
bogen an der schnur

ist die munduhr abgelaufen
so rollt der lebende ballast heraus
kommandiert rührt euch
und löscht den lichterast

10

die sphinxe strecken vorsichtig ihre nasen aus der rinde
denn der herr faden bringt das seil
und der herr seil bringt den faden
um den sack voller bannbullenfalter zuzubinden

immer schneller wachsen die knochen in den steinen
im fundament eitern die küsse
die augen sind nicht mehr an den schuhen befestigt
die vasen seufzen wie diamanten

näht man einen gackernden strauß an diesen frohen festtag
so wird ein kopf daraus
der sich sofort im spiegel besieht
und sich fragt bin ichs oder bin ichs nicht
das gleiche fragen sich auch die gefalteten handschuhe
wenn ihre komfortablen zungen folgendes gebet sprechen
gehe nach oben und stoße nach unten
gehe nach unten und stoße nach oben
gehe nach vorne und stoße nach hinten
gehe nach hinten und stoße nach vorne
gehe nach rechts und stoße nach links
gehe nach links und stoße nach rechts
darum nimmt man am besten die hüte von den masten und übrigen kreuzen
die innerlichen schlipse von den hälsen
und die zölibateier von den triumphbögen
und legt sie wieder auf den schöpfungstisch zurück

setzt die lorbeerbedeckten viertelstündchen auf
ihre eintagsstühle
ordnet die eintagsstühle und den schöpfungstisch
streng in der form einer interimsbrezel an
quittiert dann schleunigst seine schuhe
und überläßt das übrige dem finalaal mit dem gratis
sich anschließenden flurschaden

Aus „De Stijl“ 1926/27

Variante zu I, unveröffentlicht

als ob stopp als ob hopp
der urheber seine uhr in die hand nehmen würde
als ob schnipp als ob schnapp
die schattenfalle nach dem letzten totenknochen schnappen würde
rollen die hochbetagten sterneneier
in den durchlöcherten sack des bodenlosen

als ob stopp als ob hopp
das pomadenzelt in den stutzerkäfig gesperrt würde
als ob schnipp als ob schnapp
hopsassa alles gehüpft wie gesprungen würde
füttern die ahnenbilder ihre stearinenkel
mit korpulenten tränengespickten rosen und gestärkter luft

als ob stopp als ob hopp
das letzte fleischblatt vom ersten knochenbaum fallen würde
als ob schnipp als ob schnapp
die schwefelreiche zu ihren freßtrögen eilen würden
weinen die weinfässer
wu wu wu in ihre tränentrichter
als ob stopp als ob hopp
das totenmehl aus den leichentüchern geklopft würde
als ob schnipp als ob schnapp

die aufgeblähten särge das wort ergreifen würden
hüpfen die jungen sonnen von ihren prunkbuckeln
und verabschieden sich unter vielen bücklingen

.

2

wie am montag vor vielen vielen jahren
wie im winter es war einmal
fällt erst das erste korn schnee
nach dem zweiten glockenschlag
der dritten glocke
sperrt die saat zahllose hungrige mäulchen weit auf
kündigt die lieder
und stellt die sprache dafür an
als hätte sie industrialisierte lippen
aber mit einem leib und einem leib
fällt sie von sich ab
und heizt die strahlen einen winter lang
die globetracht klappert mit ihrem künstlichen gebiß
die sterne mit goldenen schweifen springen von den simsen
beim vierten schuß
aus der fünften kanone
schließen sich die lippen
und in rauchtalaren und geschminkten wellen
kommen die wieder die sich nicht wegschicken lassen
und rufen viktoria

.

3

während die einen mit ihrer rechten hand auf
ihre linke hand
und mit ihrer linken hand auf die rechte hand zeigen
beide hände voll zu tun haben
und dennoch auf keinen grünen zweig kommen
wachsen die andern auf bäumen in den himmel
obwohl jemand da ist der dafür zu sorgen hat
daß die bäume nicht in den himmel wachsen
das raubt einem den glauben an volle jenseitige
flaschen
verzweifelt läßt man klausurlatein in den
baumschulen widerhallen
steigt als blinder passagier in die finanzsänften
der anderen
und deckt seine tränen mit deckeln ohne runzeln zu
wenn das volle vom leeren betreten wird
sagt man nur noch prosit
läßt überhaupt aus sieben sachen acht werden
und alle neun in ein x-y-z-beliebiges loch rollen
findet man schließlich in seinem ahnenfett einen
regenbogen
so wird es einem zu bunt
und auf einen zug leert man seine flasche mitgift
steigt wie ein pflichtvergessener a-postata-b-posta-
ta-c-postata-schütze
in seinen kassenschrank
schließt ihn gut von innen zu
und verschluckt den schlüssel

unwesen und treiben verwirrter engel

die fahnenflüchtigen engel summen wie schnee
willkommen in der neuen welt
wie durch fässer ohne boden
springen sie strahlend der länge nach einer durch den andern
zersägen die blitze auf dem sägebock
befreien die gefesselten blumen
und werfen die steine in das meer
die steine klammern sich verzweifelt an ihre lunge
wie die schiffbrüchigen silben an die blätter der grünen addition
hinter einer barrikade von liederbüchern rufen die engel trumpf
nehmen sich bei den behandschuhten händen
schlafen auf vierbeinigen flüssigkeiten ein
und verwandeln sich in einen kreisrunden seelenlappen
der eine nasenlänge über die unendlichkeit hinausragt
und sich im atheistischen schnürboden als körper ohne namen vorstellt
so stehen die dinge im jahre eins
im jahre zwei hört die flucht der fahnen auf
der ruf willkommen in der neuen welt
ertönt nur noch bei ritschratschrituellen handlungen
zum beispiel wenn ein topf voll zeit vom herd der welt genommen wird
im jahre drei ist die neue welt alt geworden

die engel paginieren ihre flügel
und wollen wie eine masse vasenhäutigen scholaren-
windes verduften
dieser duft wird jedoch von einem gewissen stärkeren
duft so gewaltig überduftet
daß die engel dabei in zwei gleich große kalte
portionen zerfallen
die schwarze farbe bekennen
dem im namen das amen
und dem anfang vom gesang den schluß vom lied
folgen lassen
während im ungebadeten urtext
schließlich die engel an die deichsel der sterne ge-
spannt werden
und mit dem wahngebilde auf nimmerwiedersehen
verschwinden

die unerspriessliche au

herr von so und so
zerstampft seinen papageien
bis sich der papa von der mama scheidet
bis sich der papa von der mama scheidet
sagte ich
und die geien als saft frei werden
die reifen monokel fallen aus den fleischwolken
die grauen springbrunnen humpeln auf krücken fort
in den krallen faßt etwas festen fuß
und von den hüten bis hinab in die schuhe
trocknen die selfmadeeuter ein
auf den quecksilberwiesen
tanzen quasten troddeln haare knochen federn
um ein elektrisches herz
langsam werden die gliederpuppen
schweigsamer und schweigsamer
kälter und kälter
die steinalten steine und die blutjungen steine
spazieren zwischen dem hintergrund und dem vordergrund
pflichtgemäß hin und her
es knackt in dem busen der luft
die mutierenden stimmen der pyramiden versiegen
aus den knopflöchern der wolken
fallen die galvanisierten hasenpfoten
unvermittelt springt herr von so und so

mit einem schneidigen qui vive
in das bodenlose
da aber das bodenlose doch einen boden hat
sehen wir herrn von so und so
resigniert wieder zu seinem gähnstühlchen zurückkehren
papa mama und papagei lallen
und einschlummern

die gestiefelten sterne

Aus „10 Jaren Stijl" 1917/1927

I

für wilhelm fraenger

maurulam katapult i lemm i lamm
haba habs tapam
papperlapapp patam
und pappen den mannapapst
in den aquatintatext
und schneiden sparsam wie hausfrauen
das gebrauchte wasser aus ihrer badewanne
papperlapapp patam
patam patam
und schreiten durch die vier tageszeiten des tages
durch den pisseminuit
den pissematin
den pissemidi
und den pissesoir
patam patam
und hängen ihren körperlichen leib
ihr körperliches seil
ihren körperlichen ast
in der garderobe des madonnenhippodroms auf
patam patam
darum lehnen auch die patanten
ihre kongenialen librettokanten
an die mauer maurulam
darum katapulten i lemm i lamm

gegen den fix und fertigen faxenfolianten
papperlapapp patam
und pappen den mannapapst
in den aquatintatext
darum ist es halt so
weder lustig noch traurig
und hat keinen sinn
und schreien wie ein lebendiges kleid
wie ein zahnender stein
habemus papam habemus mamam
mesopotaminem masculini
bosco contra belachini
haba habs tapam
patam patam
und lehren die häresie daß der purzelbaum
aus den purzelfrüchten
den purzelblättern
den purzelzweigen
den purzelästen
dem purzelstamm
und den purzelwurzeln besteht
patam patam
maurulam katapult i lemm i lamm
haba habs tapam
ihre sprache ist ihnen im munde zerbrochen
sie haben haare in ihrer seele
sie haben haare in ihrem herrn
was sind denn das für kameraden
sind das geistig umnachtete eier
ist das vielleicht das wilde fleisch der ferne
das näher getreten ist

ich darfs nicht sagen
patam patam
ich darfs nicht sagen
patam patam
maurulam katapult i lemm i lamm
haba habs tapam
.

der belegte brotherr

sie sind mir auch zu weiß zum fliegen
und zu schwarz zum liegen
rechts zu jung
und links zu alt
zugegeben daß sie körperlich sind
zugegeben daß sie genau aus der mitte der
unendlichkeit kommen
zugegeben daß sie drei ausgestopfte berge auf
einmal verschlucken können
so erinnern sie mich doch zu sehr an einen
dressierten schleimmond
der vergebens nach dem fünften rad an seinem
hintern sucht
ich brauche einen hundertkarätigen säckelmeister
mit einem säckel aus steinen
und einem meister aus knochen
eine sogenannte lebensstellung
eine stellung vom ältesten bis zum jüngsten tage
wäre ihm bei mir sicher
und seine nassen wasserscherben hätte er täglich
noch gratis obendrein
sie sind mir auch oben zu stumpf
und unten zu spitz
vorne zu kurz
und hinten zu lang
ich brauche einen bei dem alles so lang wie breit ist

oder wenigstens das lange nur um eine kopflänge länger als das kurze
und das kurze nur eine kurze zeit lang
kurzum und kurzweg das lange kurz
und das kurze breit ist
und der über kurz oder lang
das kurze kurz
und das lange klein geschlagen hat
wie soll ich sie in meine windsbräutigen hemden stecken
wie sollen sie meinen särgen die wiegen vorstellen
es scheint mir auch mit volutenverzierten strahlen
als ob bei ihnen der bart nicht gut im urgrund verankert ist
zeigen sie mir einmal ihre zunge
na da haben wir es ja
sie wissen im grunde weder ein noch aus
mit andern worten weder hist noch hott
ihr vorderer kompaß geht vierundzwanzig stunden vor
und ihr hinterer kompaß geht vierundzwanzig stunden nach
lernen sie zuerst einmal mit der nase der anderen niesen
und wenn sie verstanden haben daß unter tagbaren und nachtbaren
sich alles nur gegen bar versteht
so wissen sie ja wo ihr alter wohltäter wohnt
und daß er sein linkes herz immer noch als stöpsel auf seiner rechten schnapsflasche sitzen hat

ins bodenlose

den kopf nach unten
die beine nach oben
stürzt er ins bodenlose
dorthin woher er gekommen ist.

er hat keine ehre mehr im leibe
beißt keinen biß mehr in einen imbiß
erwidert keinen gruß
und hält nicht an selbst wenn man ihn anbetet.

den kopf nach unten
die beine nach oben
stürzt er ins bodenlose
dorthin woher er gekommen ist.

wie eine behaarte schüssel
wie ein vierbeiniger säugestuhl
wie ein tauber echostamm
halb voll halb leer.

den kopf nach unten
die beine nach oben
stürzt er ins bodenlose
dorthin woher er gekommen ist.

ich bin ein pferd

ich fahre in einem zug
der überfüllt ist.
in meinem abteil
ist jeder platz von einer frau besetzt
der ein mann auf dem schoße sitzt.
die luft ist unerträglich tropisch.
alle reisenden
haben einen riesigen hunger
und essen unaufhörlich.
plötzlich fangen die männer
zu wimmern an
und verlangen nach der mutterbrust.
sie knüpfen den frauen die kleider auf
und saugen nach herzenslust frische milch.
nur ich sauge nicht
und werde nicht gesäugt.
es sitzt mir niemand auf dem schoß
und ich sitze niemandem auf dem schoß
denn ich bin ein pferd.
ich sitze aufrecht und groß
mit meinen hinterbeinen auf der eisenbahnbank
und stütze mich bequem
mit den vorderbeinen auf.
ich wiehere laut hii hii hii.
an meiner brust funkeln
die sex knöpfe des sexappeals

schön aufgereiht
wie die funkelnden knöpfe einer uniform.
o sommerszeit.
o weite weite welt.

drei greislein

drei greislein tanzen um die welt.
der erste zeigt stolz auf seinen letzten stockzahn.
der zweite hat den stockschnupfen.
der dritte ist stocktaub.

dennoch tanzen sie
als musizierten ohrenbetäubende gewitter
als wären sie von altem wein befruchtet
der kühl und aufrecht in heißem stroh lag.

sie tanzen daß ihre schlafittchen fliegen.
sie tanzen daß ihre schlapphüte fliegen.
sie tanzen daß ihre schlappschuhe fliegen.
sie tanzen daß ihre schlappschwänze fliegen.

an den springinsfeld

ans tagewerk o du mein spritzer und springer.
siehst du nicht daß es ostet.
ja es ostet bald so stark
daß das lichte mark aus den masten spritzt
und die verwaisten polarkerzen wie springbrunnen
springen.
darum spritze und springe auch du
mein spritzer und springer.
auch aus den spazierstöcken wird es spritzen und
springen.
dito aus den zehn fingern und den zehn
zehen
dito aus den fahnenstangen tannenbäumen
schornsteinen masten.
darum spritze und springe auch du.
schon brüllen die rosen in den käfigen.
schon duften die krokodile in den vasen.
schon schleichen die similisäulen auf ihren
zehenspitzen fort.
ans tagewerk o du mein spritzer und springer.
siehst du nicht daß es langsam westet.
ja es westet bald so stark
daß das lichte mark aus den flaschen spritzt.
doch nicht genug damit.
es wird auch noch süden und norden

und aus allen stäben stangen stecken spritzen und springen.

darum ans tagewerk o du mein spritzer und springer.

das lied des roten

hoch oben
hoch hoch oben
singt der rote ein lied.
rote feurige federn wachsen dem
roten
und die zeit vergeht.
ich träume und schreib.
nun fallen mir die maler und bildhauer
ein
die ich vor zwanzig jahren
im café odeon sitzen sah.
klumpig und düster sitzen sie da
dem unangenehmen prozeß der verinner-
lichung
hingegeben
und ringen und knurren mit sich.
schon verschwinden diese herrschaften
wieder
und rauchende eier liegen an ihren stellen.
wenn ich nicht acht gebe
entsteht nun ein gedicht.
trinken und singen fällt mir ein.
wir trinken und singen
und die zeit vergeht.
es singt und weht
und wandert im licht.

eines tages rascheln wir wie welke blätter fort
zerfallen zu staub
und werden wieder funken und sterne
und singen und trinken
und wandern selig in feurigen mänteln.

Die graue Zeit

Ich fühle wie die graue Zeit durch mich zieht.
Sie höhlt mich aus.
Sie bleicht meine Träume.
Sie zieht schon so lange durch mich.
Ich liege am Strand eines ausgeflossenen Meeres
am Rand einer ungeheuren Muschel.
Es zerbröckelt es verwittert um mich
und rinnt in die Tiefe.
Langsam zerfällt der Raum.
Ich liege am Strand eines ausgeflossenen Meeres
am Rand einer ungeheuren Muschel.
Ein Mond glänzt darin.
Ein großes Auge
eine große Perle
eine große Träne glänzt darin.
Ich fühle wie die graue Zeit durch mich zieht.
Sie zieht schon so lange durch mich.
Sie höhlt mich aus.
Sie bleicht meine Träume.
Ich erschauere und bebe.
Ich verwittere.
Wie verlassene fahle Bauten stehen meine Träume
am Strand eines ausgeflossenen Meeres
am Rand einer ungeheueren Muschel.

Die Monde Augen Perlen Tränen zerfallen.
Ich fühle wie die graue Zeit durch mich zieht.
Ich träume schon so lange.
Ich träume mich grau in graue Tiefe.

Das blinde Sein

Der wunde Himmel will nicht heilen.
Es lodert schwarz und klagt.
Die finstere Klage will nicht enden.
Zwischen Aschehügeln zottigen Ruinen trägem Qualm
lauere ich auf einen himmlischen Funken.
Schwarze Sterne streichen gierig umher.
Sie verschonen nichts Lebendes.
Heimtückisch zerreißen sie den Menschen
diese langsam reifende Frucht.
Menschen räumen rauchende Trümmer in düstere Schränke
Schattenungeheuern muß ich Rede und Antwort stehen.
Gelbes Blut fließt in den Gossen.
Seelenfallen gurren.
Ich möchte im Umrißlosen verschwimmen.
Ringelnd mich wendend zischend krieche ich zur heiligen Mahlzeit
und Schlangen winden sich in mir
die ringelnd sich wendend zischend
gierig die heilige Mahlzeit verzehren
die mir dargereicht wird.
Ich sehe durch schmutzige Fenster in trübe Säle
und sehe nur Sümpfe und gläsernen Spuk.
Ein Hündchen blickt mich aus brechenden Augen an
und verendet im Schoße seiner toten Herrin.
Ich eile wie ein gehetztes Wild.

Ich eile eile aber komme zu spät.

Ich eile weiter.

Ich suche ein Versteck

aber alle Verstecke sind überfüllt.

Das blinde Sein der Menschen vermag ich nicht mehr zu ertragen.

Immer unverständlicher wird mir die Sprache der Menschen.

Die Räume die ich betrete sterben.

Dem lautlosen Blau entgegen

Endlich darf ich dieses lärmende Land verlassen. Unzählige Peitschen knallen, bald vereinzelt, bald alle zugleich. Sie knallen Tag und Nacht. Ein starker Wind weht andauernd und läßt die Fahnen und Fähnchen des Landes, auf denen windbewegte Fahnen und Fähnchen abgebildet sind, prahlerisch knattern. Dazu kommt noch die eigentümliche Sitte, unaufhörlich riesige, mit Luft prall aufgeblasene Säcke zum Zerplatzen zu bringen. Mit widerlichem, knallendem Schmatzen entlädt sich die Luft aus den zu Fetzen zerreißenden Säcken. Wie bin ich nur in dieses kindische, lärmende Land gekommen? Beim Überschreiten der Landesgrenze werde ich mit grimmig vorgetragenen, einfältigen Liedern verabschiedet. Ich eile fort. Ich ziehe in die Ferne, dem lautlosen Blau entgegen, nach dem ich mich krank sehne.

Die dünnen Langen

Nur einige dünne Lange
stehen noch aneinandergelehnt aufrecht
und blicken voll Bewunderung
auf die selig umherliegenden dünnen Langen
die zu lang und dünn sind
um aufrecht stehen zu können.
Alle diese dünnen Langen sehnen sich
immer noch länger und länger zu werden
immer noch dünner und dünner zu werden
und so dünn und lang zu werden
daß sie auf Spulen aufgerollt werden müssen.
Denn erst dann gehören sie zu den Unsterblichen.
Viele von diesen dünnen Langen sind am Ziel.
Da aber die künstlerische Gestaltung der Spule
und der heilige Ort
an dem diese Spulen verwahrt werden
noch nicht gefunden sind
müssen die dünnen Langen noch ein wenig ausharren.
Wenn die dünnen Langen
die Worte kurz und dick nur flüstern hören
haut in ihrem stecknadelkopfgroßen Kopf
ein dünnes langes Fäustchen wütend
auf ein eigens zu diesem Zweck
in ihrem Kopf
bereitgestelltes kurzes dickes winziges Tischchen.

Auf einem Bein

Wenn ihnen ihre Fleischpyramide knospet
lachen sie hihi
als sei nun alles für immer hell.
Sie vergessen
daß die Tiefe unaufhörlich in die Höhe
und die Höhe unaufhörlich in die Tiefe stürzt.
Sie verneigen sich fröhlich voreinander
heben und senken stundenlang
auf der gleichen Stelle die Fersen
hüpfen hintereinander her
marschieren in Gruppen bis es dunkel wird
und der Ruf „alles rechtsum kehrt" erschallt
den sie darauf linksum kehrt ausführen
munter ausschwärmen
und auf einem Bein
und auf der Stelle einschlafen.

Auf einbeinigen Blumentischen

Die nackten Bäckerinnen stehen
auf einbeinigen Blumentischen.
Sie arbeiten in einer breiigen süßen Luft.
Die Bäckerinnen sind im Stande der Unschuld.
Sie haben endlos lange Nasen
wie die Mäanderknaben
herausfordernde Nasen
sogenannte Anabasennasen
Vasennasen.
Die Bäckerinnen kneten aus Leibeskräften
auf ihren nackten Schenkeln Teigwürste.
Manchmal bilden sich in der breiigen süßen Luft
große schweifende Teigflügel Teigschnäbel Teigkrallen
nach denen die Bäckerinnen
unwillig und heftig schlagen und treten.
Dabei schwanken sie gefährlich
auf ihren unstabilen Blumentischen
verlieren aber nie das Gleichgewicht.

Der Mensch ist ein Flötenbläser

1955

Der Mensch ist ein Flötenbläser.

Der Mensch ist ein Leierspieler.

Der Mensch ist ein Tempelbauer.

Der Mensch ist aber auch ein mordgeiler Schwerterschmied.

Mit welch elementarer Geschäftstüchtigkeit sind in den Gesängen des Homer die Ergebnisse der Schlächtereien aufgezählt.

Der Mensch ist eine schönheitstrunkene Spinne.

Der Mensch ist ein reißender Wolf, der Kuckuck ruft.

Der Mensch ist ein Bogenschütze, der Fingerhüte erlegt, ein hoffnungslos vernagelter Mörder, ein Atompilzzüchter mit Großvaterkäppchen auf dem Kopf, der alles bisher Erreichte mitsamt seinem Erreichten in den endgültigen Schatten stellen wird.

Der Mensch ist ein wauwaubellender Richter, eine vierfache Wurzel vom unzureichenden Grund, die eine Unzahl Wetterfähnchen auf ihrem Gipfel trägt, eine Onkel-Tom's-Hütte, ein auf Schusters Rappen reitender Klavierflügel.

Der Mensch ist aber vor allem die personifizierte lasterhafte Geschäftigkeit, die wohl für immer das Sinnen und Beten verlernt hat. Am besten ist es, beim Anblick eines Menschen Reißaus zu nehmen und in die tiefsten, dunkelsten Spalten der Erde zu fliehen.

Aus seinen acht lockenumrahmten Öffnungen stößt der

Mensch unaufhörlich blauen Dunst, grauen Nebel, grauen Rauch aus.

Das Unsinnige, das Ungeheure, das Tobsüchtige ist das Ziel seines Strebens. Der Mensch findet es natürlich, das Unnatürliche zu begehren. Weil er keine Flügel hat, will er Flügel haben und fliegen. Die Flügel haben es ihm besonders angetan. Er fühlt sich gottähnlich, wenn er mit einem Kübel Benzin unter seinem Hinteren in den Himmel saust.

Der Mensch ist aber auch eine beseelte Knospe.

Der Mensch ist aber auch ein Dichter.

Der Mensch ist aber auch ein Heiliger, ein regenbogenfarbener Engel.

Dunkler wird das Dunkle

1955

Die Dunkelheit der Erde wird immer dunkler
Im Dunkeln vermehren sich auch die ungezieferähnlichen
Lärmmenschen
Bombenköche
Maschinenbeischläfer
Zentauren, halb Mensch halb Maschine
Menschen mit Fußballköpfen
Menschen ohne ein Fünklein altertümlichen Herzens
Menschen, die auf dem Kopf stehen und gehen und meinen, die andern stünden und gingen auf dem Kopf.
Je mehr die Menschen gespenstig sinnlos rasen, lärmen, sprengen, drahtlos sich wellen, auflösen, übertönig fliegen,
desto dunkler wird das Dunkle auf unserer Erde.
Je mehr die Menschen ein- und aussausen aus ihren stählernen Fortschrittstürmen,
je mehr die Menschen die Berge und Täler verbetonisieren,
desto dunkler wird das Dunkle auf unserer Erde.
Je emsiger die Menschen in den Falten des göttlichen Mantels wühlen,
je mehr sie zarathustren und gaurisankaren,
desto dunkler wird das Dunkle auf unserer Erde.

Entenkonfiguration

1950

1

Vollbärtige Säulen springen Seil
Kopfüber kopfunter treibt ein Kahn ohne die dazugehörige Familie an einen Strand
Ein Clown fängt eine Ente nach der anderen
Agenten versuchen es mit Tangenten

.

2

Ein Überclown hält sich gewaltige lebende Leckerbissen die sich auf die eingeladenen Feinschmecker stürzen und diese auffressen
Was so im Traum geschieht darauf kann man keine Familie gründen
Plötzlich kommt das Erwachen und dann treibt der Nachen mit der Familie doch gesund und munter an den Strand

.

3

Ein Gentleman verliert die Lust zu gentlen
Er zieht sich ein für alle Mal nackt aus und läßt sich an seinem Rücken einen schwarzen Griff anbringen
Eine Glocke wedelt mit ihrem metallenen Schwanz laut und andauernd
Eine Ente frißt ihren Clown auf und findet daß er nach altem Leder schmecke
Herrenlose Clowns
Entenlose Clowns

.

4

Familien gründen ist nicht ungefährlich
Zirzensische Spiele
Tausend Clowns vereinigen sich und erklären den heiligen Krieg gegen die Enten und den Tod in diesem Kampf als ein Unterpfand für den Eintritt ins Paradies
Fängt man erst zu bohren an so kommt man ins Grundlose zu verlassenen Familiengliedern
Da heißt es dann genten

.

5

Kaum haben sie zu genten angefangen klopft es an die Türe

Wasser mit großen Händen und Füßen voller Tintenflecke bittet um ein Glas Wasser und einen wohlschmekkenden Stein

Doppelköpfige Agenten
Auf den weiten Ebenen wachsen nur sanfte Lanzen
Ententeten Enten wird eine Entente vorgeschlagen
Gebären sich die Regenten von selbst

6

Tausend Clowns blasen ihre Enten auf bis sie zerplatzen
Die kriegerischen Clowns stimmen ein Kriegslied an
Sie singen:
Glo fetzschleck schleck
ratzen ackern fir und für
ma ma ga un banz
Niemand jedoch stellt sich auf dem Schlachtfeld ein

Puppen

1952

Mein Kopf ist ein Schneeball.
Meine Arme und Beine sind schwarze nasse Zweige.
Mein Herz ist ein Mundvoll Küsse.
Ich bin erbärmlich und schon halb vergangen
und werde trotzdem so geliebt.

.

Manchmal glauben wir Menschen zu sein und keine Puppen
so elend ist uns zu Mute.
Verwelkt hängen unsere Träume im abwegigen Heute.
Die sichtbare Musik des Tages zerfällt vor uns zu Staub.
Ja die ganze Sternenherde scheint uns unheilträchtig.

.

Ich bin die Totenpuppe.
Ich bin hart wie ein Knochen.
Bevor ein Mensch stirbt
muß ich pochen und pochen.

.

Sie sogen an mir
sie verrenkten mir die Glieder
und küßten mich und sogen wieder
und trieben mit mir ihr Affenspiel.
Meine Küsse zersprangen.

Meine Blumenbauten erloschen.
Meine Quellen verstummten eine nach der anderen.
Nun bin ich müde welk und leer
leer wie ein ausgetrunkener Becher.
Auch die Erde ist ein ausgetrunkener Becher.

.

Ich bin weder groß noch klein.
Ich komme aus dem Umrißlosen.
Dort duften keine Lippen.
Dort leuchten keine lebenden Sterne
in einem lieblichen Traumgesicht.
Ich spiele unter einem blinden Himmel
mit gläsernen Früchten
und lasse sie vorsichtig in die Tiefe fallen.

.

Wenn sie mit uns spielen
machen wir gute Miene zum bösen Spiel.
Wir hassen ihre Liebkosungen und Küsse.
Wir hassen ihr Streicheln und Schnaufen.
Wer erlöst uns von diesen Unwesen
die nicht zu spielen verstehen.

.

Ich bin kein Blitz.
Ich bin eine Puppe.
Ich bin keine Flamme.
Ich bin eine Puppe.
Aber unaufhörlich möchte ich flammen und blitzen.
Auch eine Seele käme mir gelegen.

Warum bin ich kein Lied?
Warum habe ich keine Flügel?
Will mir niemand wenigstens
eine silberne Schleppe schenken?
Eine silberne Schleppe
ein silberner Bach
der hinter mir herrauscht.
Ein Hut aus Porzellan auf meinem Kopf
wäre nicht übertrieben.
Ja er wäre so notwendig
wie ein Kreuz auf einer Kirchturmspitze.
Ich bin arm.
Ich bin nackt.
Was hat man mir nicht schon alles versprochen.

.

Ich bin die Liederpuppe.
Ich singe und fliege.

.

Ich bin die Puppe aus Menschenfleisch
für die Herren Menschenfresser.
Ich tue mein Möglichstes
um ihren ersten rasenden Heißhunger zu stillen.

.

Ich bin die Teigpuppe.
Ich gebe aber nicht viel auf meinen Teig.
Meine Augen sind vertrocknete Rosinen.
Und wenn ich nun gebacken werde
weiß ich nicht ob etwas rechtes aus mir wird.

Menschen

1953

Bescheidene graugestrichene Stuhlmenschen
die nichts anderes sein wollen
als Stühle auf die sich andere setzen.

.

Wolkenmenschen die sich selbst gebären.

.

Unbenabelte Unmenschen die sich bessern möchten
und sich langsam wie blind
nach einem Menschennabel hintasten.

.

Löchermenschen durch die schnurstracks
der Weg in die fortschrittliche Hölle führt.
Löchermenschen die eine Wabe hervorbringen
aber wenig Honig.

.

Lange lange dünne Fadenmenschen
aus weißem unbeschriebenem Faden
die auf einer Spule aufgerollt
bequem in Hosentaschen mitgeführt werden können.

.

Menschen die das Gefühl haben
daß die Steine demnächst reif seien.

.

Menschen die der Meinung sind
daß es keinen Sinn habe
sich zu seinen zwei Beinen vorne
noch zwei Beine hinten wachsen zu lassen
und daß selbst ein einziges Bein genügte
um ins Bodenlose zu springen.

.

Zeigermenschen die an einer Wand angebracht
sich sofort wie Zeiger im Kreise drehen
kuckuck kuckuck rufen
und die Zeit anzeigen.

.

Menschen die nach ihrem Tode leuchtende Sonnen
sind.

.

Menschen die ein Meer sind
das mit Sträußen würfelt.

.

Menschen die mild leuchtende vereierte Monde sind.

.

Menschen die als eine arabische Eins
in eine Eisenbahn einsteigen
und als römische Eins
wieder aussteigen.

.

Menschen sagen sich:
Pflanzen immer fortpflanzen
seien dies Schirme oder potemkinsche Lanzen
hinter böhmischen oder spanischen Dörfern
bringt zum rasen.
Lieber mit kalten Grenzen spalieren.
Lieber den Peridrom
sein lebenlang nicht verlassen

.

Menschen die Kieselsteine niesen.

.

Kentaurmenschen halb Auto halb Mensch.

.

Plaudertaschenmenschen die aus der Taillenschule
plaudern.

.

Menschen die dem Urgrund
keinen rechten Geschmack abgewinnen können
lieber im Diesseits hangeln
und in ihrem entnasten Gesicht
drei streng übereinander angeordnete und üppig gediehene

heraldisch stilisierte Schnurrbärte
täglich sorgfältig bürsten vergolden und lackieren.

Ein Katzenkopfmensch
mit einem außergewöhnlich großen Katzenkopf
steigt miauend
aus einem schwarzgrünen Pfuhl.
Er klagt unausgesetzt
und reißt dabei sein Maul fürchterlich weit auf.
Um ihn herum ertrinken viele Nackte
die sich in einem grünen schlammigen Wasser
verzweifelt gebärden.
Sie scheinen sich eigens für den Wassertod
bis zum letzten Kleidungsstück
ausgezogen zu haben.
Ein Hinterteil
mit einem lang hinter sich her schleifenden Schwanz
schreitet auf dem Wasser
wie wir auf dem Erdboden.
Nun schwimmen Fischzüge durch die Luft
und Vogelschwärme fliegen tief unten im Wasser.
Es dampft aus schwarzgrünen Ritzen und Schlünden.
Ab und zu eilt eine nackte Frau kreischend
von einem Busch zum anderen.
Ist sie vergewaltigt worden
oder wollte sie durch ihr Kreischen
ihrem Wunsch vergewaltigt zu werden
Ausdruck geben?

Da die Dunkelheit zunimmt
kommen große Vögel mit Fackeln in den Krallen
die Landschaft ein wenig zu erhellen.
Die eingeladenen Gäste fragen sich
wo sie sind
und was diese Vorgänge zu bedeuten haben.
Die Luft wird immer dunkler.
Die Fischzüge in der Luft nehmen zu.
Das Wasser dagegen wird heller
obwohl die Vogelschwärme in der Tiefe des Wassers
von Stunde zu Stunde zunehmen.

Der Mensch will philosophieren
aber die Gabel sagt: Du oder ich.
Der Mensch ist kein schlechter Gegner.
Geschickt weicht er der Gabel aus.
Der Gabel gelingt es aber doch
ihn in einem großen Bogen
über sich zu schleudern.
Er stürzt gegen Säulen aus Tellern.
Die Teller lachen sich zu Scherben.
Der Mensch springt wieder auf
und verschluckt die Gabel.
Nun werden seine Augen
Knöpfe aus Glas
und springen ihm aus dem Kopf.
Kinder
die sich weder um Menschen

noch Gabeln kümmern
stecken sie
als Marmeln in ihre Tasche.

Mäuse und Katzen

1953

Mäuse aus Katzenfleisch
und Katzen aus Mäusefleisch.

Große Mäuse aus grauen Wolken.

Eine Katze der ein lebender Fisch
als Schwanz wächst
und den die Katze
kaum ist er ausgewachsen auffrißt
und der ihr immerfort
sofort nachwächst.

Eine Katze an deren Stirn ein Geschmeide
aus diamantenen Küssen blitzt
sitzt auf der wogenden Brust
der Tiefe.

Die Blicke der Katzen blitzen
und sitzen.

Katzen denen man anmerkt
daß sie einesteils
vom Leder ziehen möchten
aber anderenteils sich klar sind
daß es einträglicher ist
mit ihren verstopften Posaunen
sanftmütig hausieren zu gehen.

Auf einem Platze
tanzen Katzen aus Mäusefleisch
nach der Pfeife
von Mäusen aus Katzenfleisch.

Häuser

1956

Ich bin ein dunkles feuchtes Haus
sagt ein Haus.
Ich möchte gerne noch dunkler und feuchter sein.
Genau in meiner Mitte
hausen zehn Schweine.
In meinem linken Fuß
spinnt eine große Spinne.
In meinem Hinterteil
vermehren sich verlauste Affen
die abgöttisch ihre zwei Aftermieter verehren.
Dem Einen sind alle Äste abgebrochen.
Dem Anderen wachsen statt Blätter
dicke bleierne Löffel.
Außerdem tragen Beide
an Stelle eines Hutes
einen heulenden Hund auf dem Kopf.
Wie gerne möchte ich
diese Beiden an die Luft setzen.
Dann aber würden alle übrigen Mieter
sich totstellen
und wie Menschen stinken.

Ich bin nur gewissermaßen ein Haus
sagt ein Haus.
Ich bin eher eine Stadt.
In meinem Kopf bauen schwarze Donner
ein schwarzes Athen.
In meinen unterirdischen Rutschbahnen
rutschen aalglatte nachathanasianische Orthodoxe
in prächtig bestickten seidenen Unterhosen
fanatisch auf und ab.
Ich liebe Troglodytenmauern
versteinerte Uhren
pudelnackte Laubwälder im Winter
die sich mit einem einzigen Feigenblatt
aushelfen müssen.
Schon oft wurde mir geraten
mich modernisieren zu lassen.
Ich halte aber an meinen Spinnen
und ihren kristallenen Ankern.
Auf meiner Zunge
spielt eine Samenwolke Klavier.
Auf meinen Balkonen
flechten Scherben und Scherbinnen
ihre langen Nasen zu Bretzeln.

Ich bin wieder einmal ein rechtes Haus.
Ich bin nicht wie die übrigen Häuser
ein zweibeiniger Fleischzopf
ein beflügeltes Ei
ein Pyramidenkropf.
Bei mir gibt es Fenster und Türen.
Ich bin kein Langgliedler aus hartgekochter Luft.
Die meisten meiner Wände sind weiblich
und können auf- und zugeknöpft werden.

Häuser geraten aus dem Häuschen.
Häuser fühlen wie Menschen
und leiden unter den lebenden und toten Dingen
die in ihnen hausen
noch viel stärker als wir.
Sie spüren sie als Jucken Beißen Brennen.
So fürchterlich jucken beißen brennen sie
diese lebenden und toten Dinge
daß sie nicht nur aus dem Häuschen geraten
sondern auch aus der Haut fahren
den Verstand verlieren
und an ihren eigenen Wänden
unaufhörlich hinauf und hinunter laufen.

Ich bin eine Rose von einem Haus.
In mir wohnt eine schöne junge Frau
als Rose verkleidet.
Jeden Mittag punkt zwölf Uhr
steigt die schöne junge Frau
aus ihrem zusammenklappbaren Sarg
klappt ihn zusammen
und duftet.
Ich bin ein Gerippe von einem Haus
nämlich ein Vogelkäfig ohne Vogel
der alle unnatürlichen Fragen
mit übernatürlichem Harzerrollen beantwortet.
Ich schreite kunstvoll auf Stelzen dahin
und dies sowohl auf einem hohen Seil
als auch auf dem zartesten Strahl
eines mimosenhaften Sternes.

In einem Hause
hatten alle Bewohner den gleichen Traum.
Sie träumten
daß sie täglich kleiner und kleiner würden
und schließlich stürben.
Vorsorglich zimmerten sie sich daraufhin
ihre Särge zu Särglein um
und trugen sie stets mit sich
unter dem Arm.
Sie taten recht daran.
Obwohl zuerst das Kleinerwerden
nicht der Rede wert war
und zudem unregelmäßig vor sich ging
ja sogar einmal mehrere Monate stockte
übertraf es plötzlich jede Erwartung.
Eines schönen Tages
erwachten die Bewohner des Hauses
in dem alle den gleichen Traum geträumt hatten
klein wie Puppen
und paßten tadellos in ihre Särglein.

Sapristi

Dann kamen die sächlichen
nein nicht die nebensächlichen
die sächlichen Meere
mit ihren Kummetprinzen.
Dann kamen die roten Loren
mit ihren porzellanenen Leitern
und ihren Galaersatzhäuten.
Dann kamen die Nomaden
denen es untersagt war ihr Lager
vor dem öffentlichen Spiegel aufzuschlagen.
Dann kamen die skalpierenden Blauhäute
die sich sofort ans Werk machten
und skalpierten.
Sapristi!
Im Zeitalter der Räder aus Lilien
goldgepuderten Traumkreisel
selbstleuchtenden Pyramiden
Sapristi!
Im Zeitalter der gefälschten Wechselbälge
politischen Plaudertaschen
Klumpen männlicher Luft
als alte Ägypter verkleidet
Sapristi!
Im Zeitalter der Atomkröpfe
Überschallpilze
Sapristi!

atheistischen Ankern
radarfressenden Ogern
gärt Löwenfleisch.
Ririririririririririririri!
Scharrt die Sahara vor der Türe?
Ririririririririririririri!

Halt

Dann kamen die dicken und tauben
Turtler und turtelten.
Dann kamen männliche und weibliche Täler
mit ihrer Echoauswahl.
Dann kamen die Entaarer
und entaarten einen Himmel um den anderen.
Dann kamen die Strählinnen und die Strähler
und strählten Vierecke
vermähltes Erz
Laienreiter
bis es halt rief.
Buchmacher saßen unter Blutbuchen
als Opernsänger verkleidet
halt!
und labten sich an gläsernen Kuchen
halt!
dann wurde Nomansland betreten
halt!
die Dämmerung diente mit Quasten
geschält grau
bebellen grau
ferne Tage eine zackige Stunde lang.

Vergißmeinnicht

Zwei Schritte weiter
sind graue runzelige Weiler
zu Staub zerfallen
und zweibeinige Schattenkapuzen
schaffen den Staub
in altertümlichen Prunksänften fort.
Zwei Schritte weiter
sind einem Segelschiff
zwei Arme gewachsen.
Nun fängt das Segelschiff
plötzlich an zu stricken
und will nichts mehr
vom Segeln hören.
Zwei Schritte weiter
ziehen Grillen um.
Sie ziehen von einem Luftschloß
in ein anderes Luftschloß um.
Zwei Schritte weiter
pflanzt ein Gärtner
ein gallertartiges Pflänzchen
in fette Erde.
In einem Augenblick ist aus dem Pflänzchen
ein großer starker nackter Mann
mit martialischem Schnurrbart geworden
der andauernd Vergißmeinnicht schreit.

Zwei Schritte weiter

Zwei Schritte weiter
grüßen Hüte Tag und Nacht.
Sie wollen von nichts anderem wissen
als vom Grüßen.
Sie geben sich dem Genuß des Grüßens
mit wollüstigem Stöhnen hin.
Zwei Schritte weiter
beginnt das Reich der schwarzen Knochen
das jedoch nicht finsterer ist
als das Reich der weißen Knochen.
Zwei Schritte weiter
wird ein Mensch einer Blume gegenübergestellt
und errötet.
Zwei Schritte weiter
taucht ein tausend Jahre verschollener
Cereskämpfer
wieder auf
und gibt von seinen kurzweiligen Überträumen
zum Besten.
Dazu ist er noch artig und eierartig
und stellt jedem anheim
ihn zu fressen.
Zwei Schritte weiter
drängen sich unreife Luftballons zusammen.

Zwei Schritte weiter
tanzen die Steinböcke vom Wendekreis des Steinbockes
weil ihnen Freiersfüße gewachsen sind
und diese sie jucken.
Zwei Schritte weiter
singen Greise das Greisenlied:
„Greise auf der Reise
werden leicht des Todes Speise.
Bums wird der eine gepackt.
Bums wird der andere geknackt.
Bums wird ein weiterer zerzackt.“

Und nun noch

Laufende springende Hundepfoten
und wedelnde Hundeschwänze
aber zwischen ihnen
ist kein Hund festzustellen.
Ein nicht endenwollendes
steifes Flüßchen
gebürstete Wälder
regungslos daliegende
wächserne Schlänglein.
Kugelrunde
aus durchsichtigem Glas
die unauffällig durch die Natur
von dannen rollen
und nun noch blinde Kühe
die in gebundener Rede reden
und Nackte aus Wasser
in die hin und wieder
von oben
ein Tropfen roter Tinte fällt.

Nach Haus

Die Einen wollen rein.
Die Andern wollen raus.
Die Einen wollen im Freien Eier legen.
Die Andern wollen ins Schwarze nach Haus.
Nach Haus nach Haus
zu den andern leutseligen Schlangen
die so treu im Chore bellen
und kleine Schlangengalgen errichten.
Nach Haus zu Feinsliebchen
der rosigen Haut
die so kunstgerecht sich schlängelt
und dich eiskalt anschaut.

In einem Topf

Nun wird es wieder rund.
Nun wird es wieder Rad.
Aber auch die ohne Flügel
werden Herr genannt.
Nun wird es wieder lind
ja selbst in steinharten Räumen.
Nun schreitet es.
Wenn es reiten würde
so ritte hinter dem Bekleideten
ein Unbekleidetes
und neben dem Reitenden
ritte ein Ausgestopftes Ausgetropftes.
Sollte sich eine Hand
in das Spiel mischen
so wäre sie behandschuht
wie die Hand des Falkners
wenn er zur Beize geht.
Giftig knallt eine Peitsche.
Sie will keine Krone.
Sie will ihr Leibgericht
einen Kropf
mit einem Zopf
in einem Topf.
Sie will eine sogenannte arme Seele.

.

Wir Bittsteller aber

Harfenspieler
mit unbeweglichem Käfergesicht
greifen machtvoll
in die Saiten.
Seelenlose Kinder
spielen mit beseelten Bällen.
Igelaufwiegler
Siebenmalgescheite
umgeben von ihren dummen
sachlichen sieben Sachen
warten auf die Zeit
in der es
in den Kleiderschränken schneit.
Ein Lederner
ruft Heda.
Ein Baum ohne Flügel
behauptet mit uns verwandt zu sein.
Wir Bittsteller aber
halten ungeduldig
unseren Brief hoch empor
und hoffen
daß ein Tropfen weißen Siegellackes
aus dem schwarzen Firmament falle
und unseren Brief zusiegle.

Die Bemähnten und Beschweiften

1957

Schon lange lange
haben sich die Bemähnten und Beschweiften
mit ihren Mähnen und Schweifen
aus Schnee Regen Feuer Blumen
nicht mehr eingestellt.
Tag und Nacht
Rosse und Reiter
stehen still wie alte abgelaufene Uhren.
Die Früchte haben ihre Sprache verloren
und reimen sich auf Ungereimtes.
Die entrollten Fahnen
stehen starr in der Luft
und sind sinnlose Wegweiser.
Was führt das Graue im Schilde.
Wo sind die
schlaflosen Ruten
blitzspitzen Sprünge
verwegenen Fideln
erbeuteten Tage
die das Spiel immer wieder
von neuem beginnen ließen.

Alsdann

Alsdann
grollt ein Hündchen
Donner um Donner
Wer hat so mächtig
in dieses Körperchen geschallt
daß es aus ihm
urdunkel rollt.
Alsdann
kommen Reiter ohne Rosse
auf einem Schiff ohne Mast und Segel
aber dafür
mit großen starken Flossen.
Alsdann
sind wir
am Kap der Hoffnungslosigkeit.
Ein Stündchen tagt.
Ein Steinchen tickt.
Alsdann
schlägt ein langer Langer
frühmorgens einen Knoten
in sich
um spätabends nicht zu vergessen
diesen Knoten
wieder zu lösen.

Alsdann
singt einer den Schlager
„das Roboterliebchen“.
Alsdann
kommt eine Wüste an die Reihe
die mit Löwenaugen
bedeckt ist.
Alsdann
macht Einer eine Pause
die solange währt
daß alle Anwesenden
sich für Leidtragende erklären
zu beten anfangen
und den Pausenmacher
beerdigen.

November 1957

Das atheistische Krokodil

Was ist los?
Nichts ist los.
Das heißt die gewaltigen Wunderwerke der Sterne
sind Gott sei Dank immer noch los.
Sie ziehen ihre Bahnen als sei nichts los.
Was kann überhaupt los sein.
Ein Knopf an einem ehernen Monument kann los sein.
Flammende Frauenzimmer können in Zimmern los sein.
Blaue Erinnerungen können im Inwendigen los sein und
sich im Auswendigen scheinbar unendlich widerspiegeln.
Was ist los?
Das atheistische Krokodil ist los und rezitiert:
„Wagen raden
Hänge matten
Eisen bahnen
Dudel sacken"
Zudem kann der Schreibstift des atheistischen Krokodils
los sein und schreiben:
„Krokodiplomat
Krokodilemma
Krokodiocletian
Krokodiorama
Rokokokrokodil"
Das kurzweilt den armen Teufel, der nicht beten kann.
Weltengroße Lichtblumen blühen und erlöschen.
Welten zerstäuben.

Was ist los oder was kann los sein?

Der Schreibstift des atheistischen Krokodils kann los sein und schreiben:

„Abel Babel Fabel
Gabel Kabel Nabel“

.

1957

klum bum bussine

1

ton gking gking ton gking ertönt hamilton der besitzer der tonfischerei
klingende grünlinge in seidenen spitzen kommen und gehen und blättern unermüdlich dazu denn kleinodien auf hundert zehenspitzen die fäden ziehen und nur selten lachen aber dagegen oft bellen zweibeinige sträuße blutjunge funken knorbelige saftgebilde
der löwe aber vermag nur mit hilfe eines zirkels zu träumen
nun aber heißt es die ohren spitzen

2

das totem der hefenden tiere erfüllt sich und wird die bahn der automobilen vögel gestört so verstummt das ländliche mimi lai gu emi kum kum salem aikum gummi ara und das schiff der wüste zerbricht
demnach bebrüten meine augen meine augen im spiegel
sattelt die orgel
schraubt die todesseufzerschläuche an die häuser
laßt die spaniolischen klapperbretter los
schnallt die windzylinder an die wolken
zieht die dampfsirenen und hammerwerke in euern sogenannten tiefen auf und werft die beschriebenen schiefertafeln in die singende flamme des nichts

denn a denn in euern zellen rufen schwärende vögel an euern rinden äsen spitzfindige sterne und eure kinder verwandeln sich in schiffumklammernde medusen

ara alai bi bi kum kum ummi gu gu

.

3

die große nymphe aber hat keinen sockel oder doppelten boden

in einer eventuellen arche wird sie bestimmt mitgeführt werden

sie heißt klum bum bussine und kommt auf einem blitzend vernickelten meervelo dahergefahren

an jedem ihrer schwänze deren sie zahllose ihr eigen nennt hat sie eine poltertrommelrumpeltreppenschleppe befestigt und an der rosigen mündung ihres darmes trillern kolibris

ich kenne meine pen papa ei endeckel ei ei eimer papa pappendeckeleimer und warne euch in euerm herzen das uhrwerk der spaßfische und trauervögel aufzuziehen

.

4

auf euern singenden zungen bleischwalben zu nageln und särge und grabkammern wie eier auszublasen denn eure schwestern leben unter uns als enten mägde bräute luftballons und schwenken in ihren zierlichen händen kleine gläser voll sonnen

hier ist der eingang hier ist der hirodulengang gangbar sind auch die alliterierenden fische unter den brennenden eiskandelabern

hier ist gang und gäng und gabe und gängelband

hier ist der ausgang der beseelten hirten

hier bellt es wie abgeschieden und stellt die sensenfrage laut und deutlich

den morgenwinden nach des esels gescheiteltem schatten nach nachdem die wolken über und über mit küssen bedeckt worden waren ließen sich die üppigen schönen nicht nur lautlos aus dem himmelblauen serail entführen sondern sogar wie pflanzen zwischen löschblättern pressen

Vier Frauen

Vier Mädchen wuchsen zu Frauen heran.
Als sie Frauen geworden waren
verheirateten sie sich mit kleinen Männern
und wuchsen weiter
so daß sie bald an die Zimmerdecke anstießen.
Um durch die Türen zu kommen
mußten sie schon auf allen vieren kriechen.
Je mehr die Frauen wuchsen
desto kleiner wurden die Männer.
Zuerst geschah es aus Überraschung
über das stetige Wachsen der Frauen
dann aber aus Liebe.
Der Körper der Männer bedeckte sich
nun auch mit schönen graublauem Gefieder.
Die Männer hatten nie viel gesprochen
nun sprachen sie noch weniger
fingen an zu gurren
und sprachen bald überhaupt kein Wort mehr
sondern gurrten und gurrten.
Unterdessen hatte eine der vier Frauen
zu lange in ihrem Zimmer geschlafen
und war weiter und weiter gewachsen
so daß sie nun nicht mehr aus ihrem Zimmer konnte.
Sie verklumpte in ihrem Zimmer
und Teile von ihr wuchsen aus Fenstern und Türen.

Ihr Mann betrug sich
zur Überraschung der ganzen Familie als Unhold.
Er machte nicht viel Federlesens
hatte genug von dieser Wachserei
gurrte noch einmal herzhaft und flog davon.
Die Zerklumpte sprengte schließlich ihr Gefängnis
und rollte davon
in den nächsten bodenlosen Abgrund.
Die übrigen drei Männer
blieben treu bei ihren Riesenfrauen
saßen auf deren Fingern
wie auf Zweigen
gurrten
und ließen sich von ihnen
mit kleinen Brotkrümeln füttern.

1948

Wo

Wo sind die Träume?
Auf den kristallenen Schiffen.
Wo sind die kristallenen Schiffe?
Im Lande der Urveilchen.
Wo ist das Land der Urveilchen?
Im Herzen der Träumer.

Ihre kunstvollen Netze

Eine Frau genas eines Kindes
das einer Spinne glich.
Es glich zwar einer kristallklaren Spinne
aber eben doch einer Spinne.
Die Mutter suchte mit ihrer Spinne
die bekanntesten Heilbäder auf
ohne daß sich ihre Spinne
zu entspinnen begann.
Die Mutter verzweifelte
als nichts ihrem Kinde
eine menschenähnliche Gestalt
zu geben vermochte
und verlor nun selbst ihre menschliche Gestalt.
„Ganz das Kind“
sagten alle ihre Bekannten
und bald waren sie beide Spinnen
die fleißig ihre kunstvollen Netze
zwischen Bäumen spannen.

Gesagt getan

Ein Ei fragt eine Kommode
wo man Eisenbahnen kaufen könne.
Herr Wolke überreicht einer Straßenecke
einen blühenden Zweig.
Der blühende Zweig
wird eine brennende Fackel.
Die brennende Fackel erlischt.
Dies macht einen Körper darauf aufmerksam
darauf aufmerksam
daß es höchste Zeit sei
körperlos zu werden.
Gesagt getan.
Körperlos gewinnt aber gleichzeitig
das große Los
und kauft sich sofort wieder einen Körper
läßt aber von diesem Körper
Kopf, Arme und Beine amputieren
und die Schnittflächen sauber verschalen.
Alsdann läßt er sich's gut sein
beschaut sich im Spiegel
und sagt mit Recht:
„Bis zur Unkenntlichkeit verjüngt."
Ein Ich singt das heitere Lied vom Ich.

Und macht sich ein Fähnchen daraus

Eine uralte Höhle
mit einem langen Bart
und einem Schmetterlingsnetz
fängt eine Wolke.
Ein aufgeblasener Papiersack bläst:
„Ich will das Unendliche zersprengen
und am jenseitigen Euter melken."
Ein Punkt
in einem hohen Schaftstiefel
spaziert die Himmelskuppel empor.
Eine Hand dreht sich um
und der Punkt und der Schaftstiefel
sind zu Himmelblau geworden.
Eine Schwalbe nimmt sich
ein winziges Streifchen davon
und macht sich ein Fähnchen daraus.

Herr Würze Stürze

Eines schönen Tages findet er nicht mehr heim, findet er nicht mehr den Weg zu sich.

Eines schönen Tages ist er ein Bilderbuchmensch geworden, der nichts anderes möchte als in einem echten Frühling spazieren gehen.

Quallige Welten verfolgen ihn jedoch mit weichen Bewegungen.

Er sagt, daß er bis an sein Lebensende für nichts mehr Zeit haben werde, da er unter den Worten „goldene Ratten, rosa Watten, hauchzart bestatten“ wählen müsse.

Es gehe um ewig wachen oder ewig träumen.

Wann wird der Himmel endlich engelfarben?

Ja, schreit er laut aus seinem weit geöffneten Fenster, ja so sind die Geschichten auf unserer Erde.

Ich heiße Würze und werde mich fortan auch Stürze, also Herrn Würze Stürze, nennen müssen.

Dann muß ich Stürze stürzen, den einen um den anderen, den einen in den anderen.

Unzählige schwarze Stürze muß ich stürzen, schwarz in schwarz, in die Tiefe nach oben, in die Tiefe nach unten, in die Tiefe nach vorne, in die Tiefe nach hinten, kurz und gut in die Tiefe in mich und wieder aus der Tiefe aus mir, damit alles wieder von vorne anfängt.

Für was diese Wandlungen, diese Verwandlungen, diese Handlungen?

Für was diese Häuschen, wenn man alle naselang in diesen Häuschen aus dem Häuschen geraten muß?

Für was diese Häuschen, wenn man alle naselang von einem Häuschen in das andere rast, bis man endgültig aus dem Häuschen getragen wird?

Wer ist er?

Wo ist er?

Wann findet er den Weg zu sich?

Eines schönen Tages nach einem schönen Tag sagt er, daß er die Schwalbe sei, die ganz allein einen Sommer machen könne.

Was soll man tun

Soll man die Möglichkeiten, die sich einem darbieten überlegen und dann sich auf die Seite legen und möglichst lange schlafen und einmal recht erwacht die Hände in den Schoß legen?

Soll man Träume auslegen?

Soll man Hand an sich legen?

Soll man sein Schiff an einen fragwürdigen Strand anlegen?

Soll man Kleider Waffen Orden Trauer anlegen?

Soll man nach weiteren pontinischen Sümpfen suchen und Städte darin anlegen ohne sie vorher trocken zu legen?

Was soll man tun?

Vielleicht ist es mit fahren besser bestellt.

Soll man aus der Haut fahren, also mit gutem Beispiel vorangehen, damit die Menschenhäute endlich wieder billiger werden?

Soll man ein fahrender Schüler werden?

Soll man die Dinge dahinfahren lassen?

Was soll man tun?

Soll man einen Acker bestellen?

Soll man einen Acker von Hennen bestellen, indem man zahllose hartgekochte Eier in ihn sät?

Soll man mit den Wespen und Hornissen wetteifern und stechen?

Soll man seine umgestülpte Braut mit ihrem eigenen spitzen Sonnenschirm erstechen?

Was soll man tun?

Er

Haben sie ihn gesehen und gesprochen?

Haben sie ihn beleckt und berochen?

Fliegt er rollt er springt er kriecht er?

Ist er groß oder klein oder weich oder hart?

Hat er fruchtbare Lenden?

Ist es wahr, daß seine Betten stets Jahre voraus ausverkauft sind?

Ist es wahr, daß in seinen Betten stets Milch und Honig fließt?

Ist es wahr, daß er kein Lämmlein ist sondern ein hinterlistiger Geselle, der zwischen seinen beiden hinteren Backen einen Dolch eingeklemmt hat und damit nach Herzenslust sticht?

Warum antworten sie mir nicht?

Warum wollen sie mir ihre Meinung vorenthalten?

Ist es wahr, daß seine fetten Kinder immer noch ein so gangbarer Artikel sind?

Ist es wahr, daß er ein Spiel, welches er das Fliegenbandspiel nennt, erfunden hat?

Dieses Spiel soll aus ledernen Wolken bestehen, die er mit Zähflüssigem bestreicht und an denen die Flieger wie Fliegen kleben bleiben und sich daran zu Tode zappeln.

Ist es wahr, daß er die Damen der Gesellschaft durch ein unverinnerlichtes Zirpen in rasende Geilheit versetzt?

Warum wollen sie mir ihre Meinung aufzwingen?
Warum öffnen sie nicht ihr Maul?

. . . .

Ja ja, darf ich nun auch ein Wörtchen sagen?
Sehen Sie denn nicht, daß ich pelzverbrämt bin.
Sehen Sie denn nicht, daß ich ein Mäuschen bin.
Ich will Ihnen sicher nicht zu nahe treten.
Es kann ja sein, daß Sie eine andere Auffassung von den Erscheinungen haben.

Willkommen Willkommen

Sie suchen das Reich des großen Lichtes,
Sie kommen von weit her.
Sie zogen durch das Nabelreich.
Sie zogen durch das Schnurrbartreich.
Sie ziehen lachend und weinend
weinend und lachend weiter.
Sie ziehen durch das Reich
der purpurnen Ibisse
die purpurne Bisse um Bisse beißen.
Sie ziehen durch das Land der munteren Türme
wo sich Türme auf Türme türmen.
Sie ziehen durch das Reich der Weckeruhren
die wie besessen rasseln und wecken
weil sie vieltausend Jahre altes Mumienfleisch
aus dem Schlafe wecken sollen.
Sie ziehen durch das Land der Süßmäulerinnen
an denen sie Leckermäulern nicht unähnlich
ausschweifend lecken und lecken.
Sie ziehen durch das Reich Mobiloil
mit den dreizehn Seufzerbrücken
munteren Lärmapparaten
und synthetischen heiterhellen Tagen.
Sie ziehen durch das Reich der Vogelscheuchen
die schmatzend leere Torfbecher ausschlürfen.
Sie ziehen durch das Reich der Schleiergeister
die gegen ein kleines Trinkgeld

sich entschleiern
und zähnefletschend ihre Reize darbieten.
Sie ziehen lachend weinend
weinend lachend weiter.
Sie suchen das Reich des großen Lichtes.
Sie weinen über das Lustige
und lachen über das Traurige.
Sie weinen über das Traurige
und lachen über das Lustige.
Sie haben keine Regel
über das Lachen und Weinen aufgestellt.
Endlich kommen sie in das Reich
des Tropfens Todsicher und des Funkens Stockdunkel
die in strenger Pflichterfüllung
einen kleinen Käfig bewachen
in dem eine kleine Klappertaube
und eine kleine Turtelschlange schlafen.
Sie wollen bereits weiterziehen
als der Tropfen Todsicher
und der Funken Stockdunkel
sie gemeinsam folgendermaßen begrüßen:
„Willkommen willkommen
ihr suchenden Erdensöhne.
Ihr seid auf dem rechten Weg.
Das nächste Reich
ist das Reich der hurtigen Eier.
Es ist sehr lang
aber nur hundert Schritte breit.
Falls ihr euch unbedingt
der eine auf die Schulter des anderen
stellen wollt

kann der Oberste sowohl als der Unterste
das große Tor sehen
das zum großen Lichte führt."
Das glaubten die Erdensöhne
da sie es schon ohnedies sahen
und sie lachten und weinten so
daß nicht nur die Echos mit einstimmten
sondern auch der Tropfen Todsicher
der Funke Stockdunkel
und alle hurtigen Eier.
Und das große Tor ging auf.

1954

Aus Wolken

Er hat die mechanisierten Brüste
in den April geschickt.
Er hat dem feisten Schlafenden die wärmende Decke
und dem frierenden Hund das Halsband abgenommen
den frierenden Hund mit der wärmenden Decke
zugedeckt
und dem Feisten als er zu frieren beginnt
das Hundehalsband angelegt.
Er hat das Ding aus Ruß und Rauch
mit ein wenig Mehlbrei in der Mitte gebildet.
Er hat den Turmuhren seines Heimatlandes
die zwölf Stundenzahlen
durch zwölf martialische Schnurrbärte ersetzt.
Er hat Männer die sich zum Beruf
der Ammen hingezogen fühlten
mit ledernen Brüsten versehen
und ihnen das Reifezeugnis ausgestellt.
Er hat dem Meer mit tönernen Füßen
Mut zugesprochen.
Er hat bei mir kilometerlange
Monumente aus Wolken bestellt
und sofort bezahlt.
Er hat einem mittelalterlichen Gespenst
mit einem lebenden Hut
das unerlöst wegen seines fehlenden Kopfes
verzweifelt geisterte

einen Kopf geschenkt
der wegen seines fehlenden Körpers
unerlöst gegeistert hatte.

1959

Please fasten your seat-belt

1959

Wo ist wo?
Where is where?
Wer ist wer?
Who is who?
Wer ist er?
Was ist er?
Wo ist er?
Ist er Schaum?
Ist er Spuk?
Hat er einen Schnurrbart
aus zwei Propellerflügeln?
Oder ist er eine Gabel
die in dem Bodenlosen gabelt?
Hat er einen Nabel aus schwarzer Luft?
Warum sitzt er
quallige Tinten gurgelnd
über einem erstklassigen Felde der Ehre?
Wo ist wo?
Where is where?
Wer ist er?
Was ist er?
Er möchte sich nun endgültig entbinden.
Er stürzt es stürzt.
Soll es denn stürzen
so bitte mit dem Sturz an sich.
Please fasten your seat-belt!

Eine Handvoll knetbarer Erde

Die Ferne winkt und entzückt die Sinne.
Er fragt sich seilspringend wer er sei.
Er fragt sich woher er springe.
Er fragt sich wohin er springe.
Er fragt sich was er sei.
Ein Schnurrbart eine Nabelflasche eine arabische Acht?
Was wird auf der nächsten Seite zu lesen sein?
Vielleicht bin ich morgen
ein Hündchen aus Pferdefleisch
und sehr traurig ohne höhere Sendung zu sein
als die Luft anzubellen.
Vielleicht bin ich morgen
eine Handvoll knetbarer Erde
und werde von Hans Arp zu Amphoren mit Ohren
geformt.
Wissen Sie es schon?
Hans Arp nimmt Nachhilfestunden im Modellieren
bei wirklichen Engeln.
Die Welt ist schön
trotz grunzender Überschweine.
Wohin fliege ich?
Nach Atalien Etalien Otalien Utalien
oder fliege ich nach Italien?
Lasse ich mir eine Kiste voll Ipunkte vorausschicken.
Vielleicht wird ein Bolivar aus mir
und ich tue darum gut

Pfade die in die Freiheit führen sorgfältig abzulösen
und sie zu Knäuel aufzuwickeln
für den Fall daß ich einmal
in einem finsteren Turme schmachten sollte.
Wie wandelbar ist die Erscheinung.
Wie schnell kommt die Finsternis.
Ich will Blumen erschaffen aus Licht und wieder Licht
und in der unendlichen Einsamkeit schweben und blühen.
O du lieber Gott was sind das für Geschichten.
Ich will mich aber zuvor ein wenig verpuppen und ausruhen.

1960

Sondern sitzen bleiben

Der Lehrer ist stumm.
Sein Bart kommt und geht.
Ein Schüler will das Ziel der Klasse nicht erreichen
sondern sitzen bleiben
und träumen und träumen.
Blumenfahnen umgeben ihn mit süßem Duft.
Seinen Spazierstock aus Glas in der Hand
scheint er für immer tief erwacht zu träumen.
Ein schneeweißes Schloß um das andere
steigt in ihm auf.
Der Lehrer ist stumm.
Sein Bart kommt und geht.
Ein zweiter Schüler
will das Ziel der Klasse nicht erreichen
sondern sitzen bleiben
und träumen und träumen.
Ein Echo hat sich in einem Weiler eingenistet:
„Warum liest man nie
von Engeln in den Zeitungen?
Ist die letzte Rose auf der armen Erde verwelkt?"
Der Lehrer ist stumm.
Sein Bart kommt und geht.
Vier weitere Schüler
wollen das Ziel der Klasse nicht erreichen
sondern sitzen bleiben
und träumen und träumen.

Sie sprechen schön im Sprechchor
nicht zu laut aber deutlich:
„Ihr schwefelgelben Giftschurkengurken
Giftgurkenschurken!
Wir möchten Euch gern gemütlich
mit Traumzerwurzler Traumzerpurzler anreden.
Das können wir aber nicht.
Ihr habt uns das Urmuschelhaus versaut.
Ihr seid das Schwarz das immer schwärzer wird.
Euer Mond ist ein Fladen von Löwenmist.
Das einzige was Euch zu tun übrig bleibt ist
in die hintere untere Mündung hinein
und aus der vorderen oberen Mündung
nach Diplomatenart wieder hinauszuschlüpfen."
Der Lehrer ist stumm.
Sein Bart kommt und geht.

1960

Die Teller

Nun haben die Teller die Fressereien und Fresser satt.
Sie wollen nicht mehr auf sich fressen lassen.
Sie wollen im Gegenteil selber fressen.
Die Freßwut ist auf die Teller übergegangen.
Die Teller sind bodenlose Schlünde geworden.
Was sich auf einem Teller niederläßt
ein singendes Vögelchen oder ein entschlafenes
eine Wurst ein Kalbskopf oder dessen Füße
lebendig oder tot roh oder gebraten
wird gefressen.
Wer oder was sich selbst nur über einen Teller
mit vornehmer Zurückhaltung beugt
eine Fürstin eine Gliederpuppe oder ein Monument
ist von dieser Welt auf ewig verschwunden.
Selbst Polizei und Armee verschwinden
just weil sie todesmutig sind.
Es ist nun Schluß mit dem Scharren Schaufeln
und Rühren auf Tellern.
Und auf dem Friedhof häufen sich die Inschriften
„Vom Teller verschlungen"
„Hat sich zufällig vor einem Teller niedergelassen"
„Wurde wie es vorauszusehen war zwar mutig
aber unfehlbar
vom Tellerungeheuer verschluckt."
Alles aber auch alles fressen und verschlingen
die Teller:

Brieftauben Briefbeschwerer Luftballons Rosen Nasen
rohe und gebratene Igel reißende Wölfe
edle weltberühmte Feinschmecker Osterhasen Nackttänzerinnen
kleinere oder größere Andenken Athleten frisch tapezierte Löwen.

.

Worte

Worte von Wunderwanderungen.
Worte auf Wanderungen.
Flockenworte.
Lichte Worte entflohener Blumen.
Worte von schwebenden Bergen
oder wenn Sie dies übertrieben finden
Worte von Wolkenbergen.

.

Worte alter alter Eisenbahnen
durch ihren Salatschwenkekorb gehustet.

.

Worte von Sündern
beim Auspacken einer Sendung
von Engelszungen.

.

Träumende Flockenworte.

.

Unverhofft blühen Worte um Worte auf
mit lichten Blumengesichtern.

.

Worte aus dunkelfunkelndem Duft.
Wortlose schwarze Kugelsterne.
Falsche Worte die richtige Worte wittern
und zittern.
Überpüppische Worte.
Blumenworte überpüppischer Blumen.
Kastalische Quellenworte.
Herrliche Katachresenworte.

.

Einbalsamierte Worte.
Worte von Hindinnen gesprochen
bei dem leidigen Gänsemarsch.

.

Engel in Gestalt von leuchtenden Rosen und
Sternen
werdet ihr
durch das unendliche Licht schweben sehen.
Wer dürfte ihnen
mit unseren tollwütigen fortschrittlichen
Atombonbonnieren entgegentreten.
Lautlos wie von jeher
schweben die Engel im Licht.
Von jeher waren sie da.
Wir aber haben unser Gesicht
nur im Dreck gebadet.

.

Worte von Engeln für Engel.

.

Worte von Mund zu Abgrund.
Worte um in trüben Wassern zu fischen.
Entsprechende Wortspäße
für verteufelte finstere Gründe.

.

Bächleinworte.
Worte in Baumrinden geschnitten.

.

Ein unangenehm gepflegtes Wörterbeet.
Piratenwörter ranken an erstarrten Blitzgittern
in den Himmel hinauf.

.

Fremdherrschaften die sich bei Wörtern
nicht nur der Leiter bedienen
sondern auch der Tonleiter
der Ganztonleiter
und der chinesischen Tonleiter.

.

Spiegelschriftworte.
Ein richtiges Wort am falschen Ort
und ein falsches Wort am richtigen Ort.
Roboterworte.
Worte auf Traumtalare zu sticken.

.

Worte als Antwort
auf warmes Blut
und auf blutige Worte.

.

Laichende Worte
in seichten stehenden Reden.

.

Unter meiner Türe
fand ich folgende Worte auf der Schwelle:
„Heute öffnen sich die himmlischen Fenster."

.

Diese mit Kreide
an die Wandtafel geschriebenen Worte
werden ausgewischt
und durch nachfolgende Worte ersetzt:
„Eine fleischgewordene Fahne
mit einem Basiliskenblick."
Eine Pfeife schreibt still vergnügt
ohne lästigen Raucher
lautlose Rauchworte in die Luft.
Lichte lautlose süßduftende Worte
entflohener Blumen.

.

Englische Grüße
Englische Worte

.

Ein Wort an niemand.
Ein Wort an alle.

·

Worte von einem Teufel
schwarz auf schwarz geschrieben
an einen Luftballon befestigt
und zum Teufel geschickt.

·

Aus einer Menschenschlange
schlangenstehender Menschen
werden einige Teile von Schlangenworten hörbar.
Tuschschwarze teigige überreife Wortfrüchte.
Worte bei starkem Regenfall oder Schneefall
in Gegenwart gefallener Mädchen zu sprechen.

·

Worte die das Traumlicht
eines Schattendaseins sind.
Ein Wörterstrauß
der alle seine Blumen
auf einmal sprechen läßt.

·

Worte die nicht geschrieben oder gesprochen
sondern nur geduftet werden können.
Worte die nur gemalt werden können.

·

Hört andächtig
auf die morschen mächtigen Worte
der Armen.

.

Worte verwandeln den sprechenden Armen
in einen Wortreichen
der an jedem Arm einen Wortarmen führt.
Worte wittern die falschen und die richtigen Worte.
Oft sind die falschen Worte die richtigen Worte.

.

Und die Worte der Dichter

. . . . . .

.

Sinnende Flammen

(Auszüge)

Wie leer sind die Tage und Nächte geworden!
Wie lange schon ist die Schönheit fort.
Weit fort ist sie geflohen
mit ihren singenden Sternen
mit ihrem Lichtangesicht.

Wann haben die Fortschrittler genug geschritten?
Wann haben die Überrunder genug gerundet?
Wann sind die Überrunder endlich rund geworden?
Wann ist die höchste Ebene hoch genug?

Was da so dahinflattert
sind Menschen
die Gott verloren haben.

Ich bin für die Atompilzzüchter sowieso verloren.
Für sie gehöre ich zu den Hoffnungslosen
die aus den letzten altertümlichen Klausen kommen
die noch auf dem Erdboden gebaut worden sind.
Die atheistischen Krokodile
werden zinnoberrot vor Wut
wenn sie so einen hoffnungslos Zurückgebliebenen
wie mich antreffen.
In geschmackvoller Schokoladeverpackung
in sogenannten Bombennièren

schenken sie ihren Lieben
kleine niedliche Atombomben
für den Hausgebrauch.

·

Ein Mann zieht sorglich
einen senkrechten Strich um den anderen
um ihn ebenso sorglich
mit einem waagerechten Strich durchzustreichen.
Ein Vorübergehender nickt mit dem Kopf zustimmend
und bekreuzigt sich jedesmal
wenn der waagerechte Strich
den senkrechten Strich durchstreicht.

·

Ein Fährtenleser
will nicht mehr
ein Maschinenleben führen.
Er will nicht mehr im Flugzeug reisen.
Er will wieder
im Traum reisen.
Er will wieder
Fährten lesen.
Er will wieder
die Fährte Gottes suchen.

·

Warum suchen sie nicht
den geistigen Kristall?
Warum wollen sie
die letzten Fernen
entkernen?
Warum grüßen sie
irrsinnig in die Leere?
Wollen sie
die Erde und alle Sterne
zersternen?
Warum wollen sie
menschenlose Menschen werden?

.

Wir sind gegen die Übertobsüchtigen
gegen die Übermaschinenzuhälter.
Wir sind für die heiligen Märchen
weil sie die einzige Wirklichkeit sind.
Wir sind gegen die Überaufklärer
die Übermaschinengebärer
die Übermechanisierten
die Übertobsüchtigen
die exorbitanten Übertontaranteln
die von der Erde Besitz ergreifen
und die heiligen Märchensterne
durch atomare Lautsprecher ersetzen wollen.

.

Der Sehmann

Der schönste Beruf
ist der eines Sehmannes
eines Mannes der in das Sehen
unsterblich verliebt ist.
Der Beruf eines Seemannes
also eines Mannes der in See sticht
der Beruf eines Seefahrers
ist auch nicht schlecht
aber kann dem des Sehmannes
nicht das Wasser reichen.
Der Sehmann sticht mit seinen Blicken
nicht nur in das Wasser
sondern auch in das Feuer in die Erde in die Luft.
Der Sehmann sticht Blicke
sticht Sternenküsse in den Himmel.
Tag und Nacht
küssen seine Augen die Traumtiefen.
Nicht einmal von den Märchenkapitäninnen
die in ihren Märchenschiffen
Lichtanker Lichtblicke Lichtpunkte Hoffnungsstrahlen
mit sich führen
läßt er sich beirren.

1962

Das Rad

Unaufhörlich sinnt er darüber nach
wie es wäre wenn er sich bedrucken
und zu einem Buche binden ließe
da er doch von einem tadellosen Bogen Papier
nicht zu unterscheiden ist.
An Stelle eines Herzens
trägt er ein Wasserzeichen.
Er grüßt nie
und will auch nie gegrüßt werden
weder ohne noch mit Zylinderhut.
Es fällt ihm auch nie ein
einen Dolch zu ergreifen und stechen zu wollen
obwohl viele Kenner kommen
und den schönen weißen Bogen Papier bewundern.
Viele viele Kenner kommen jeden Tag
um den schönen weißen Bogen gegen das Licht
zu halten
und sobald sie das Wasserzeichen entdecken
wie aus einem Munde zu schreien:
das Wasserzeichen das Wasserzeichen das Rad!
Hat je ein Bogen ein solch schönes klares Rad
besessen.
Sobald die Kenner das Wasserzeichen entdecken
geraten sie aus dem Häuschen
und biegen sich sofort
wie man Wörter biegt.

Ein und derselbe Kenner biegt sich als Einzahliger
als Einzahliger und Mehrzahliger
in Gegenwart Vergangenheit und Zukunft.
Die Bewunderer sind furchtlos.
Sie kennen nur noch biegen oder brechen
und das Rad.

.

1963

Olmen I

Was ist Olmen?
Olmen ist bald dies bald jenes.
Olmen ist manchmal auch beides zugleich.
Meistens ist Olmen etwas anderes.
Olmen scheint stets das zu sein
was es sich wünscht.
Olmen kann ein Uebercaruso sein.
Olmen kann solchermaßen ein Uebercaruso sein
daß der wirkliche Caruso neben ihm
wie ein Pseudopuccini aussieht.
Was ist Olmen?
Olmen ist eine Schüttelmixtur
mit der man den Mond anpinselt
damit er ja kein Schwätzer wird.
Dann ist Olmen ein luziferisches Kind
das laut schreit:
Es ist höchste Zeit
daß wir unsere Siebensachen einpacken
unsere Nabelfernrohre
manikürten Kommas
Galagalgen und Sonnen in Taschenformat
unsere versteinerten Basiliskenblicke
speziell auf Wunsch hergestellten Soldaten
mit doppeltem Boden
unsere luziferischen jungen Nasenarmeen
deren wesentlichster Körperteil

ihre spitze Nasenspitze ist
und die kein Gewissen oder sonstiges Ruhekissen kennen
als zustechen zustechen zustechen.
Darum ist Olmen auch der Ruf:
Es ist höchste Zeit zu erfahren
was Olmen ist.

Leider nein

Wer bin ich?
Bin ich ein verschollener Kuckuck
der nur für einen kurzen Augenblick
wieder aus der Unendlichkeit treten muß
um kuckuck zu rufen?
Wer bin ich?
Warum hatte ich noch nie die Gelegenheit
mir einmal herzlich
die Hand drücken zu dürfen.
Wer bin ich?
Bin ich ein greulicher Fetzen
der verfluchten bluttriefenden
Vaterländerringelreihen?
Bin ich ein Fetzen zerfratztes Fratzenwasser
zerbalgten Überschallbalges
zerflaggten Undinges?
Wer bin ich?
Nein leider kein Günstling
der Undinen.

Muß ich Dich anders fragen

Was stimmt Dich so hoffnungslos traurig?
Ist es der stumme weit aufgerissene Mund
des Albdruckes?
Ist es der Vormund der Mündel frißt?
Ist es der Mund der leer und hungrig heimgeht?
Hat es nichts mit dem Mund zu tun
sondern mit dem Maul?
Ist es das Maul das tausend und abertausend Münder
frißt?
Ist es das Maul
aus dem die langen Fahnen der Vaterländer hängen?
Ist es das Maul auf der Höhe von Pratze
aus dem es um die Mittagsstunde blitzte und strelitzte
und sich die Fliehenden auf die dünne Eisdecke
der Teiche wagten und ertranken?
Hängt es eher mit Kunstgewerbe
Inkrustationen
koketten anstelligen Massenmördern zusammen?
Oder hat es etwas mit der Mama des Mameluken zu tun
die den Papa des Mameluken in einen leeren
Papageienkäfig sperrte
worauf der Papa des Mameluken wilder und
immer wilder schaukelte
sich immer mehr abnutzte und kleiner und
kleiner wurde
und schließlich den Augen des Beschauers entschwand.

Was stimmt Dich so hoffnungslos traurig?
Hat es doch mit den Enzyklopädisten Atheisten
und Materialisten zu tun?
Muß ich Dich anders fragen?
Muß ich also meine Frage nicht
mit verlegenem Spaß und Spott verbrämen
aus dem das Mitleiden des finsteren Ohnesinns
und verzweifelter Ohnmacht fragt?
Ist alles Unsinn im Vergleich zu dem
was im Jahre Eins geschah?

Das Kind eines Punktes

Er weiß nicht wie er aussieht.
Zum tausendsten Mal
tritt er vor seinen Spiegel
aber sieht sich nicht im Spiegel.
Er hat sich noch nie gesehen.
Er will aber wissen wie er aussieht.
„Wie sehe ich aus.
Sehe ich aus
wie eine greise spazierengehende Spinne
die hin und wieder Ade winkt
weil sie mit ihren langen Zehen
an einem klebrigen Luftstrich
kleben bleibt.
Sehe ich aus wie ein Schlips
der an was hängt.
Sehe ich aus wie ein irrsinniger Wanderer
der andauernd wandert und mäandert
daß selbst die lustigen Bächlein
vor ihm Reißaus nehmen
weit weit fort
in den Gottesacker der Bäche
aus Sand und Löschblättern."
Immer wieder tritt er vor den Spiegel
in seinem Spiegelsaal
zertrümmert Spiegel und sieht sich nicht.
Er heult verzweifelt:

„Sehe ich überhaupt nicht aus.
Bin ich unsichtbar.
Bin ich ein Punkt.
Bin ich weniger als ein Punkt.
Vielleicht bin ich das Kind eines Punktes
das ein für allemal Kind bleibt.
Ja darum sehe ich mich nicht im Spiegel."
Er tritt wieder vor seinen Spiegel
haucht ihn an und reibt ihn mit einem Fensterleder.
Es hilft nichts.
Er sieht sich nicht.
Es hilft nichts.
Er kann sich nicht sehen.
Er schluchzt laut auf.
Verzweifelt vor Hoffnungslosigkeit
läuft er auf die Straße.
Niemand sieht ihn.

Who is who

Wo ist wo.
Where is where.
Wer ist wer.
Who is who.
Weiß wer was.
Was ist er.
Ist er Schaum.
Ist er ein Spuk.
Ist er ein Floß auf schwarzer Luft.
Wo ist er.
Im Nabel.
Im Mund.
Im Auge.
Die Bisse und Risse beißt er
in das leicht faßliche Tageswasser.
Ist er verkleidet
und kann sich nicht mehr erkennen
in den qualligen Tinten.
Oder ist er nur schnell
einen Augenblick fortgegangen.
Kommt er bald wieder zu sich.
Wer ist wer.
Who is who.
Er saust.
Er braust hermelinverbrämt.
Verwächst er mit dem Sturz an sich.

Es donnert in seinen Geweben.
Er sagt Sagen
möchte aber lieber sanfte Augen haben
und sich schallend auslachen.
Es wird nicht mehr mit Märchen eingeheizt.
Biß um Biß beißen die purpurnen Ibisse.

Ich du er wir ihr sie

Ob er er ist
ob du du bist
ob ich ich bin?
Sicher bin ich
kein Sternenfresser
oder ein Unhold
der die Träume
der heiligen Rosen
zerrüsselt.
Habe ich überhaupt
ein Haupt?
Bin ich ein Paar dichtender Flügel?
Bin ich aus dem Lande Hinnieden?
Bin ich einer Wolke entstiegen?
Wer bin ich?
Ob ich ich bin
ist nicht leicht zu sagen.
Zur Zeit bin ich eher
müde müde müde
und möchte lange
in ewigen Schlaf verfallen.
Da sind die Demarkationslinien
noch rätselhafter
als zwischen
ich du er wir ihr sie.

Los los mit dem Kinderspiel

Los los
kommandiert es
brüllt es
los los
mit dem Kinderspiel
und schon sausen
Fetzen von Vaterländern
erstaunte Gebirgsketten
der Niagara in tadellosem Zustand
ferner leicht beschädigt Kap Horn
das jedoch zum Glück
über zahllose
Ersatzhörner verfügt
über unsere Köpfe hinweg.
Die jungen Übermaschinen
jauchzen jauchzen
von hinten nach vorne
von vorne nach hinten
denn der Spaß
findet zu ihrer
Erbauung statt.

Raschelnd in die Tiefe

Zwischen ungeheueren tobenden Meeren
bildet sich ein Unförmiges.
Blinde Pausen.
Endlich stiftet ein blendender Geist
mundendes Gift
süßer als Saitenspiel.
Dem Unförmigen wird
eine schweifförmige Schleppe
sorgfältig angemessen.
Blinde Pausen.
Sterne entkernen sich.
Die Schalen der Kerne
fallen raschelnd in die Tiefe.
Ein Jahrlang
wedelt es behaart.
Behaglich frißt sich das Leben auf.
Wer lehrt uns einen erlösenden Tanz?
Im Frühling beteten wir einmütig.
Dann aber schwankten die rosigen Frühen
und zwischen den ungeheueren tobenden Meeren
erschien wieder das Unförmige.

Dieses Jubeln

Wie ist dieses Jubeln schaurig
dieses Jubeln
um einen armen Teufel
der sich in das Bodenlose schießen läßt
und lebendig wieder zurückkommt.
Da lachen die schwarzen Hölleneier
die von selbst auf ihrer Spitze stehen.
Sie hätten Lust
vor schwarzer Überriesenfreude
zu platzen
damit endlich das schwarze Überüber
verschlungen in Girlanden
von Übernabelschnüren des Nichts
in Erscheinung trete.

Um den Menschen handelt es sich

Um was handelt es sich?
Um den Menschen handelt es sich.
Was ist los?
Der Mensch ist los
der ein Herz hat
der kein Herz hat
der auf Stiefeln aus Porzellan
in einen ehernen Abgrund springt
der auf nackten Händen
um die Erde läuft
der das Bestirnte
zu entstirnen versucht
der das Entstirnte
zu bestirnen versucht.
Dann brüllt er: Hoch hoch hoch!
Es lebe die Wirrwarr gewordene Fahne.
Es lebe Wilhelm Tell und seine Äpfel.
Wir wollen wieder Wilhelm Telle haben
am Arme einer gewaltigen Eva.
Um was handelt es sich?
Was ist los?
Es handelt sich um einen Kuhhandel.
Es handelt sich
um die altmodisch gewordenen
höchsten Ebenen.

Um die Mistmassen
um die ranzig gewordenen höchsten Ebenen
um das Aas der Astarte
um die zahllosen Bärte
unseres Großvaters Barbarossa
die endlich wieder
durch marmorne Tische wachsen wollen.

Gebet

Reines Licht
erlöse uns von der Sinnlosigkeit.
Erlöse uns von dem sinnlosen Leiden
der Sinnlosigkeit.
Es genügt nicht
daß ab und zu
ein Tropfen auf den heißen Stein
der Erde fällt.
Erlöse uns
von den Zuhältern der Sinnlosigkeit
den triumphierenden Menschenfressern
prahlenden Brüllaffen.
Wir irren in sinnlosem Leiden.
Wir sind die ewigen Sandwanderer.
Wir wälzen uns in Betten
aus glühendem Sand.
Es ist zum lachen
es ist zum weinen
es ist zum beflissen irrsinnig zu werden.
Weh uns armen Narren.
Welchem Wahnsinn obliegen wir.

1966

das große endlose fest
hat begonnen.
wir alle
sind strahlende engel
geworden.
unsere augen
sind strahlende sterne.
die gesichter
meiner atheistischen freunde
sind nicht
zu beschreiben.
sie sehen
wie schlecht gefärbt aus.
vergewaltigt erstaunt
aus alter gewohnheit
möchten sie
saftige blasphemien ausstoßen.
vergeblich
blasen sie
ihre backen auf
denn
ein halleluja
um das andere
entfährt ihrem munde.

Ewige Traumblumen

dem narrenhaus der erde
möchte ein armer mann entkommen.
er weiß nicht aus noch ein
und hungert obendrein.
ja er besitzt ganz und gar nichts
weder sichtbares noch unsichtbares.

.

es war ihm zwar gelungen
durch die hintertüre
der seelenwanderung
in die gestalt
eines kameles einzudringen.
nun aber ließ man ihn nicht
durch das nadelöhr
in das himmelreich ein

.

sein letztes körnlein
fiel unter den tisch.
sein letztes pünktlein
fiel unter den tisch
ins bodenlose
zur schwarzen rose.

.

er weint vor einem vollendeten oval
auf der abgeschossenen tapete
.

er träumt
immer weiter
von der erde
dem apokalyptischen
blühenden
gärtlein
.

er sieht von dort
gut alle wege
die er auf seinem lebensweg
hätte nehmen sollen
.

an stelle eines kopfes
wünscht er sich
einen stern.
an stelle des kopfes
wünscht er sich
einen strauß
von sternen.
.

toren
und
tote
bleiben immer
jung
wie die
ewigen
traumblumen
.

Juni 1966

Nachwort

„Angeekelt von den Schlächtereien des Weltkrieges 1914 gaben wir uns in Zürich den schönen Künsten hin. Während in der Ferne der Donner der Geschütze grollte, sangen, malten, klebten, dichteten wir aus Leibeskräften. Wir suchten eine elementare Kunst, die den Menschen vom Wahnsinn der Zeit heilen und eine neue Ordnung, die das Gleichgewicht zwischen Himmel und Hölle herstellen sollte." So schreibt Hans Arp in seinem Erinnerungsbuch „Unsern täglichen Traum". Am 16. September 1886 als Sohn eines aus Kiel gebürtigen Zigarrenfabrikanten und einer singenden, klavierspielenden Elsässerin geboren, wuchs er dreisprachig auf. Deutsch redete er in der Schule und mit dem Vater, französisch mit der Mutter, sonst aber elsässisch, dessen Akzent bei ihm auch in die beiden anderen Sprachen einging. Die kulturellen Einflüsse sind nicht weniger vielfältig, wobei besonders der französische Rationalismus, die deutsche Romantik und der elsässische Humor genannt zu werden verdienen. Der unaufmerksame Schüler ist ein hingebungsvoller Leser der Werke Brentanos, Novalis', Arnims, Mörikes und Tiecks, aber auch Rimbauds, Lautreamonts und Maeterlincks. Die Lektüre bringt ihn dazu, selbst zu schreiben und Anschluß an den „Stürmer"-Kreis zu suchen, dem unter anderen die elsässischen Dichter Otto Flake, René Schickele und Ernst Stadler angehören. So kommt es, daß der noch nicht Siebzehnjährige in der Zeitschrift „Hazweiess" sein erstes Gedicht veröffentlicht:

in der heimatlichen Mundart. Der zugleich zeichnerisch interessierte Jüngling nimmt Malunterricht und wird 1900 Schüler an der Straßburger Kunstgewerbeschule. Als er sich in der Waldeinsamkeit der nahen Vogesen auf eine Prüfung vorbereiten soll, liest er und schreibt seinen ersten Gedichtband „Logbuch", dessen Manuskript jedoch im Verlag Seemann in Berlin verlorengeht. Die Bitte seines Sohnes, die Ausbildung in Paris fortsetzen zu dürfen, schlägt der Vater ab. Er schickt Hans Arp auf die Großherzoglich Sächsische Hochschule für bildende Künste in Weimar, wo Carl Arp Landschaftsmaler ist und Tun und Lassen seines Vetters im Auge behalten kann. Doch sieht Hans auch dort Ausstellungen moderner Kunst, die der Mäzen und Sammler Harry Graf Kessler und der Architekt Henry van de Velde im Weimarer Kunstmuseum veranstalten. 1908 gelingt der Wechsel an die Académie Julian in Paris, deren akademische Ausbildung ihn letztlich nicht mehr befriedigt als die Weimarer und Straßburger. Enttäuscht geht er nach Weggis bei Luzern, wohin die Familie zog, nachdem der Vater gesundheitshalber gezwungen war, die Zigarrenfabrik zu verkaufen. Im Ringen nach Ausdruck zieht Hans sich in sich zurück: „Ich lebte einsam am Fuße der Rigi. Im Winter sah ich monatelang keinen Menschen. Ich las, dichtete, zeichnete, bildhauerte winzige Plastiken und schaute aus dem Fenster meines kleinen Zimmers in die von Schneewolken verhangenen Berge. Es war eine abstrakte Landschaft von kompromißloser Strenge." In dieser Zeit schreibt Arp sein berühmtes Kaspar-Gedicht. Als die Familie 1913 Weggis verläßt und nach Zürich zieht, geht er nach Berlin, um einige Monate in Herwarth Waldens Galerie und gleichnamiger Zeitschrift „Der Sturm" zu arbeiten.

Nach der Kriegserklärung Deutschlands an Frankreich nimmt Arp, um der deutschen Mobilmachung zu entgehen, einen der letzten Züge von Köln nach Paris. Mit seinem Bruder François, der ihm lebenslang eng verbunden bleibt, läßt er sich auf dem Montmartre nieder. In der Künstlerkantine Wassilef auf dem Montparnasse trifft er häufig Picasso, Jacob, Apollinaire und Modigliani, der, ein Kokainist, ihn unter Drogeneinfluß zeichnet. Arp studiert nun die Mystiker Jakob Böhme und Meister Eckhart sowie die Vorsokratiker, besonders Heraklit. Verdächtigt, deutsche Spione zu sein, und auf dem Polizeirevier verhört, gehen die Brüder Arp im Mai 1915 in die Schweiz, wo die deutsche Armee mit dem langen Arm des Konsulats nach ihnen greift. Hans gelingt es, geistige Gestörtheit glaubhaft zu machen, indem er, nach seinem Alter befragt, unablässig sein Geburtsdatum untereinander schreibt. Im gleichen Jahr lernt er in Zürich auf einer Ausstellung Sophie Taeuber kennen, die seine Lebensgefährtin wird. Sie hat die traditionelle, gegenständliche Kunst bereits hinter sich gelassen und ihren eigenen abstrakten, tief vergeistigten Weg gefunden. Arp ist voller Bewunderung für sie und arbeitet fortan mit ihr zusammen.

Das Völkergemetzel von Rekruten und Kriegsfreiwilligen währte bereits anderthalb Jahre, die Friedensinsel Schweiz war schon vielen Kriegsgegnern zur Zuflucht geworden, als in der Züricher Tagespresse jene kunstgeschichtlich so folgenreiche Anzeige erschien: „Zürich ‚Cabaret Voltaire‘. Unter diesem Namen hat sich eine Gesellschaft junger Künstler und Literaten etabliert, deren Ziel es ist, einen Mittelpunkt für die künstlerische Unterhaltung zu schaffen. Das Prinzip soll sein, daß bei den täglichen Zusammenkünften musikalische und rezitatorische Vorträge der als Gäste verkehrenden Künstler stattfinden, und es ergeht an die junge Künstlerschaft Zürichs die Einladung, sich ohne Rücksicht auf eine besondere Richtung mit Vorschlägen und Beiträgen einzufinden." Inserent war Hugo Ball, aus Pirmasens gebürtiger Dichter, der mit seiner Freundin, der Flensburger Schauspielerin, Chansonette und Dichterin Emmy Hennings, in die Schweiz gekommen war. Die beiden hatten sich von Beginn ihres Exils an den Lebensunterhalt recht und schlecht mit Rezitationen und musikalischen Vorträgen verdient und strebten nun danach, selbst etwas aufzubauen. In den Räumen der „Meierei", die einem Holländer gehörten, schienen sie einen geeigneten Ort ausfindig gemacht zu haben. Sie hatten Glück, und auch das Publikum blieb nicht aus. So konnte Ball unterm 5. Februar 1916, dem Gründungstag des Cabarets, im Tagebuch festhalten: „Das Lokal war überfüllt; viele konnten keinen Platz mehr finden. Gegen sechs Uhr abends, als man noch fleißig hämmerte und futuristische Plakate anbrachte, erschien eine orientalisch aussehende Deputation von vier Männlein, Mappen und Bilder unterm Arm; vielmals diskret sich verbeugend. Es stellten sich vor: Marcel Janco, der Maler, Tristan Tzara, Georges Janco und ein vierter Herr, dessen Name mir entging. Arp war auch zufällig da, und man verständigte sich ohne viel Worte. Bald hingen Jancos generöse ‚Erzengel' bei den übrigen schönen Sachen, und Tzara las noch am selben Abend Verse älteren Stiles, die er in einer nicht unsympathischen Weise aus den Rocktaschen zusammensuchte." Damit sind Geburtsumstände und -stunde einer Bewegung fixiert, die sich unter ihrem bald gefundenen Namen Dada zum Bürgerschreck und Inbegriff moderner Kunst auswachsen und auf andere Städte wie Berlin, Hannover, Köln, Paris übergreifen sollte. Dada (der Name wurde der Überlieferung nach mehr oder weniger zufällig im Wörterbuch gefunden und bedeutet französisch soviel wie Steckenpferd) war von Beginn an international. Dafür bürgte die zusammengewürfelte Herkunft seiner Züricher Gründer: zwei Deutsche, drei Rumänen, ein Elsässer. Verstärkung erhielten diese bald durch den Hessen Richard Huelsenbeck, den vielseitigen Walter Serner und den Maler Hans Richter. Optische Dokumente dieser ersten Dada-Abende existieren kaum. Darum sei hier die Beschreibung Hans Arps von einem inzwischen verschollenen Gemälde Marcel Jancos wiedergegeben, welche die Ballsche Geburtsurkunde bestätigt und erweitert: „In einem kunterbunten, überfüllten Lokal sind einige wunderliche Phantasten auf der Bühne zu sehen, welche Tzara, Janco, Ball, Huelsenbeck, Emmy Hennings und meine Wenigkeit darstellen. Wir vollführen einen Höllenlärm. Das Publikum um uns schreit, lacht und schlägt die Hände über dem Kopf zusammen. Wir antworten darauf mit Liebesseufzern, mit Rülpsen, mit Gedichten, mit ‚Muh, Muh' und ‚Miau, Miau' mittelalterlicher Bruitisten. Tzara läßt sein Hinterteil hüpfen wie den Bauch einer orientalischen Tänzerin, Janco spielt auf einer unsichtbaren Geige und verneigt sich bis zur Erde. Frau Hennings mit einem Madonnengesicht versucht Spagat. Huelsenbeck schlägt unaufhörlich Kesselpauke, während Ball, kreideweiß wie ein gediegenes Gespenst, ihn am Klavier begleitet."

Was im ‚Cabaret Voltaire' durchaus im Rahmen herkömmlicher Brettl-Kunst, teilweise sogar noch unter Einbeziehung von Repertoirenummern nicht direkt Beteiligter wie Wedekind und Mühsam begann, gewann in der Konfrontation mit dem Publikum schnell eigenes Profil und trieb seine charakteristischen neuen Blüten: das Lautgedicht, das Simultangedicht (mehrere Autoren lesen gleichzeitig verschiedene, gar verschiedensprachige Texte), das Gedicht aus freien, zufälligen Assoziationen, später von den Surrealisten ‚écriture automatique' genannt. Es ist Arps Domäne, während Ball das Lautgedicht vorantreibt, der französischsprachige Rumäne Tzara gern den sich mit anderen überlagernden Vortrag inszeniert. Der lebhafte Gang der Ereignisse bringt bald Mißverständnisse über das, was sich da eigentlich vollzieht. So entsteht ein Drang zur Selbstklärung. Ball notiert: „Was wir zelebrieren, ist eine Buffonade und eine Totenmesse zugleich ... Was wir Dada nennen, ist ein Narrenspiel aus dem Nichts, in das alle höheren Fragen verwickelt sind; eine Gladiatorengeste; ein Spiel mit den schäbigen Überbleibseln; eine Hinrichtung der posierten Moralität und Fülle./ Der Dadaist liebt das Außergewöhnliche, ja das Absurde. Er weiß, daß sich im Widerspruche das Leben behauptet und daß seine Zeit wie keine vorher auf die Vernichtung des Generösen abzielt. Jede Maske ist ihm darum willkommen. Jedes Versteckspiel, dem eine düpierende Kraft innewohnt. Das Direkte und das Primitive erscheint ihm inmitten enormer Unnatur als das Unglaubliche selbst./ ... Der Dadaist kämpft gegen die Agonie und den Todestaumel der Zeit. Abgeneigt jeder klugen Zurückhaltung, pflegt er die Neugier dessen, der eine blutige Freude noch an der fraglichsten Form der Fronde empfindet. Er weiß, daß die Welt der Systeme in Trümmer ging und daß die auf Barzahlung drängende Zeit einen Ramschverkauf der entgötterten Philosophien eröffnet hat. Wo für den Budenbesitzer der Schreck und das schlechte Gewissen beginnt, da beginnt für den Dadaisten ein helles Gelächter und eine milde Begütigung." Diese manifesthaften Zeilen zeigen, daß es längst nicht mehr um bloße Unterhaltung ging, daß hier die künstlerische Avantgarde Europas um Position rang. Ihr Aufbegehren gegen den Lauf der Welt realisierte sich in signalhafter Exzentrik gegenüber dem bürgerlichen Publikum und in intensiver Suche nach neuen Wegen in der Kunst, die sie als „Feldzug gegen die Armeen des Goldenen Schnitts" (Arp) verstanden. Als geschlossene Stilrichtung formierte sich Dada nicht. Seine Bedeutung lag im Aufbrechen der Verkrustungen, in Enthemmung und Entbindung der Kreativität. Daß die Dadaisten wach blieben für außerkünstlerische Umbrüche, belegt Balls Eintrag vom Juni 1917: „Seltsame Begebnisse: Während wir in Zürich, Spiegelgasse 1, das Kabarett hatten, wohnte uns gegenüber in derselben Spiegelgasse, Nr. 6, wenn ich nicht irre, Herr Uljanow-Lenin. Er mußte jeden Abend unsere Musiken und Tiraden hören, ich weiß nicht, ob mit Lust und Gewinn. Und während wir in der Bahnhofstraße die Galerie eröffneten, reisten die Russen nach Petersburg, um die Revolution auf die Beine zu stellen ... Es wird interessant sein zu beobachten, was dort und was hier geschieht." Arp erinnert sich: „Die kurzsichtigen Zürcher Bürger hatten nichts gegen Lenin einzuwenden, da er nicht herausfordernd aufgeputzt war. Dada jedoch ergrimmte sie. Unsere freundlich hervorgebrachten Warnungen, daß es aus sei mit der gemütlichen Zeit, ließ ihren Kamm vor Wut feuerrot schwellen. Das liebliche Gärtlein der Welt sollte weiterhin sanft blühen." Mit Ende des Krieges waren auch Dadas Tage in Zürich gezählt. Sein

Zentrum verlagert sich nach Berlin, wo der Missionar Huelsenbeck schon Anfang 1917 mit den Brüdern Herzfelde/Heartfield, Raoul Hausmann, Walter Mehring und Johannes Baader wilde, politisch radikale Jünger fand. In Genf kommt es noch zum „Ersten Weltkongreß der Dadaisten", einem „Grand Bal Dada" und einem Dada-Meeting unter freiem Himmel, auf dem Serner dem Kosmos einen Tritt gibt. Arp, der sich in Zürich mit begeisterter Hingabe, aber stets mit diskretem Humor beteiligt hatte, ohne sich in den Mittelpunkt zu drängen, knüpfte auch Kontakte nach Köln zu Max Ernst und Johannes Theodor Baargeld, nach Hannover zu Kurt Schwitters und zu den Berlinern. Bei allem Betrieb vernachlässigte er nicht seine künstlerische und dichterische Arbeit. Nun, 1920, kommt es endlich zur Veröffentlichung der Gedichtbände „Die Wolkenpumpe" und „Der Vogel Selbdritt". Im Sommer geht Arp wieder nach Paris und tritt der dortigen Dada-Bewegung bei, die von Tzara, Breton, Soupault und Aragon getragen wird und sich zunächst auf die Literatur beschränkt. Den bald folgenden Übergang zum Surrealismus vollzieht er ohne Bruch und großen Wandel. Er besucht den Futuristen Marinetti in Rom und beteiligt sich am Konstruktivistenkongreß in Weimar. 1922 heiratet Arp Sophie Taeuber. Versuche zur Erlangung der Schweizer Staatsbürgerschaft scheitern wiederholt. Nach der Veröffentlichung von „Der Pyramidenrock" mit sprühender Nonsense-Dichtung in strengem Versmaß wird Arp von den Behörden als geistesgestört eingestuft, obgleich Hermann Hesse für ihn und seine Naturalisierung eintritt. So geht er nach einer Phase der Zusammenarbeit mit Kurt Schwitters 1925 wieder nach Paris, wo in der Rue Tourlaque auf dem Montmartre Ernst und Miró seine Ateliernachbarn sind. Obwohl er kein praktizierender Surrealist ist und niemals seinen unerschütterlichen Dadaismus verheimlicht, beteiligt er sich an der ersten Gruppenausstellung der Surrealisten, die über Negation und das Absurde hinausgehen und sich, inspiriert durch Freud, dem Irrationalen und Unterbewußten zuwenden. Für Arp bedeutet dies eine verstärkte Hinwendung zum Assoziativen und zum Traum. Seit seinem vierzigsten Lebensjahr französischer Staatsbürger (die elsässische Mutter und ein längerer Aufenthalt im seit 1918 repatriierten Elsaß machen es jetzt möglich), schreibt er jedoch zunächst weiter in deutscher Sprache. Das Honorar für die mit Sophie Taeuber realisierte Ausmalung des Straßburger Restaurants und Tanzkinos im Palais de L'Aubette erlaubt den Bau eines Atelierhauses in Meudon bei Paris. Die dreißiger Jahre beginnen als Jahre ruhiger, produktiver Arbeit auf vielen Feldern. Der Bildhauer Arp geht zur Rundplastik über und schafft seinen ersten Torso. In einem Zürcher Verlag erscheint der 1922 geschriebene Gedichtband „weißt du schwarzt du". Arp wird immer öfter zu Ausstellungen eingeladen. Es gibt Ankäufe durch Museen und mäzenatische Freunde wie Marguerite Hagenbach und Maja Sacher, die regelmäßig Geld überweisen. Doch schon 1933 beginnt die Vertreibung der Dada-Freunde aus Deutschland. Arps Haus wird zum Treffpunkt. Im Alter von fünfzig Jahren beginnt Arp, französisch zu schreiben. Noch nennt er sich Hans, selbst die französischen Freunde nennen ihn so. Erst mit dem Kriegsbeginn 1939, der ihn in der Bretagne findet und zu überstürzter Rückkehr nach Paris veranlaßt, wird er Jean und signiert nun immer häufiger mit Jean Arp. Kurz vor der Einnahme von Paris durch die Deutschen am

14. Juni 1940 fliehen die Arps mit mehrwöchigen Zwischenstationen nach Südfrankreich, wo sie im Chateau de Folie, dem verlassenen schönen Anwesen eines jüdischen Industriellen, unterkommen. Bald mangelt es ihnen an Arbeitsmaterialien und, durch die verschärften Rationierungen, an Kohle und Lebensmitteln. Die Schweizer Freunde helfen auf wunderbaren Wegen mit Paketen. Arp legt seinen Dankbriefen Gedichte bei. Heimlich fährt einmal Sophie, einmal er (im Kofferraum eines Autos) nach Paris, um Freunde zu treffen und in Meudon nach dem Rechten zu sehen. Chateau de Folie wird konfisziert, man zieht in ein kleines Haus außerhalb von Grasse. Seit 1940 versuchen die Arps, ein Visum für die USA zu bekommen. Das Museum of Modern Art in New York ist bereit, die Überfahrt zu bezahlen. Trotzdem geschieht nichts. So flieht man nach Zürich, um es von dort zu versuchen. Im Haus des Freundes Max Bill geschieht die Katastrophe. Sophie erstickt im Schlaf an den ausströmenden Gasen eines Kohleofens. Untröstlich geht Arp für Wochen in ein Dominikanerkloster. Die Bildhauerei wird für vier Jahre unterbrochen. Auch in den Gedichten ist ihm sein Eigentliches zerschlagen. Sie wirken vom Leid wie erdrückt, leer und hilflos.

Sofort nach Kriegsende geht Arp wieder nach Frankreich, wo er Sophies Werke ordnet. Als er die Last der Einsamkeit nicht mehr erträgt, bittet er Marguerite Hagenbach, fortan sein Leben zu teilen. 1946 erscheint unter dem Titel „Le Siège de l'air" eine Sammlung seiner zwischen 1915 und 1945 in französischer Sprache geschriebenen Gedichte. Der Titel ist vieldeutig und kann „Sitz", „Mittelpunkt", aber auch „Belagerung der Luft" bedeuten. Arp wird wieder aktiver, auch wenn er von nun an öfters depressive Phasen durchmacht und gesundheitlich labil bleibt. Die ihm von Anfang an immanente Religiosität erfüllt ihn nun intensiver. Er liest die christlichen Mystiker und führt ausgiebige Gespräche mit dem Mann seiner Nichte Ruth, der in tibetanischer Religion und Philosophie bewandert ist. Arps Schaffenskraft erweist sich als phönixhaft. Es entstehen wieder Plastiken, Reliefs, papiers déchirées (von ihm erfundene Technik des Aufklebens von zerrissenem, nach dem Zufall angeordnetem Papier) und auch wieder Gedichte, die sich langsam von Sophies Tod lösen und Mitte der fünfziger Jahre ihren spezifisch Arpschen Humor zurückgewinnen. Obwohl Arp, einmal gefragt, wie er sich entscheiden würde, hätte er zwischen Malerei und Dichtung zu wählen, antwortete, er würde es vorziehen, ein Dichter zu sein, wird Ruhm zu Lebzeiten nun dem bildenden Künstler zuteil. Mit achtundsechzig Jahren erhält er den Internationalen Preis für Skulptur auf der Biennale in Venedig, während seine Freunde Ernst und Miró die Preise für Malerei und Graphik zugesprochen bekommen. Von nun an mit Ehren überhäuft, von Besuchern heimgesucht und mit Aufträgen fast überfordert, zieht er sich nach der Heirat mit Marguerite Hagenbach 1959 in die Tessiner Villa Ronco dei Fiori in Solduno bei Locarno zurück, die er sich schon 1949 als zweiten Wohnsitz wählte. Hier gewinnt er mit dem Abstand noch einmal die Freiheit zur Arbeit zurück. Über Arps Arbeitsweise gibt der elsässische Freund Maxime Alexandre Auskunft, der einmal sechs Monate bei ihm wohnte: „In Meudon wohnten wir in dem Anbau, den er für seine Freunde hatte bauen lassen. Von sieben Uhr morgens an machte er sich an die Arbeit, ging im Morgenrock herum, vom Atelier, wo er Zeichnungen, Aquarelle, Gouachen, Collagen und Reliefs anfertigte, zu einem der beiden Glaspavillone im Garten, wo er seine Plastiken ausführte. Er erschien von neuem, mit einer Mütze auf dem Kopf und weißen Handschuhen an den Händen – der Gips, so scheint es, irritiert wohl die Haut –, er hielt vor einem seiner Gipsmodelle, strich zunächst leicht darüber, entfernte sich dann, kam wieder näher, ging darum herum, nahm einen Spachtel und verbesserte ein Detail. Von Zeit zu Zeit nahm er seine Mütze ab, so als wollte er das, was er gerade geschaffen hatte, grüßen, dann ging er zur Tür, kam sofort mit einem Staubwedel zurück, um den Staub wegzuwischen, der entstanden war, verschwand darauf im Haus, wo er Gedichte schrieb. Und bis zum Abend machte er so unermüdlich die Runde ..." Diese Schilderung belegt sehr schön, wie für Arp seine vielfältige Arbeit im Grunde eine einzige war, parallel ausgeführt, miteinander verquickt. Nach außen führte er das Leben eines bildenden Künstlers, als den man ihn gemeinhin kannte, das seine materielle Existenz trug, die erst im Alter sorgenfrei wurde. Im Innersten fühlte er sich noch mehr als Dichter, den die Sprache lebenslang zu verjüngendem Spiel animierte. So nimmt es nicht wunder, daß am Ende die Maschine des Körpers eher ermüdete als das perpetuum mobile der Arpschen Phantasie. Noch auf dem Krankenbett des Basler Spitals seine Gedichte bessernd, starb Hans Arp am 7. Juni 1966 neunundsiebzigjährig an einem Herzinfarkt. Vier Monate zuvor erlebte er noch, wie am 5. Februar 1966 der Stadtpräsident von Zürich zum 50. Jahrestag von Dada ein von ihm geschaffenes Relief aus weißem Marmor mit einem eingelegten vergoldeten Nabel an der Fassade des ehemaligen „Cabaret Voltaire" enthüllte. Nun versammeln sich die

Freunde auf dem Friedhof von Locarno, dessen Ehrenbürger er geworden war. Abschiedsreden halten sein Patenkind Mathieu Poncet, der Abbé Aubry aus Meudon, die Freunde Hans-Jörg Gisiger, Carola Giedion-Welcker und Fritz Usinger. Die Grabstätte, in der auch Platz für Sophie und Marguerite vorgesehen ist, entwarf er selbst. In ihrer Mitte steht, Himmel und Erde, Geburt und Tod wiedervereinigend, die Plastik „Stern". „Als Kind hatte ich Angst vor dem Tod. Den Tod zu empfangen, den Tod zu geben. Schon die Idee des Altwerdens erschien mir unerträglich, und nun bin ich es ... heiter, gelassen, sicher, einer gewissen Wahrheit nähergekommen zu sein. Ich würde Sie gerne das Glück mitfühlen lassen, das ein Mensch empfindet, der endlich mit sich eins geworden ist und der nichts anderes mehr möchte, als die Harmonie der Schöpfung, so gut er kann und bis zu seinem letzten Atemzug, zu besingen."

In seinem 1953 geschriebenen Text „Wegweiser" erinnert sich Arp der Etappen seiner dichterischen Entwicklung: „... Schon in jener Zeit bezauberte mich das Wort. Ich füllte Seiten um Seiten mit ungewöhnlichen Wortverbindungen und bildete ungebräuchliche Verben aus Substantiven. Ich gestaltete bekannte Verse um und deklamierte sie mit Hingebung und gehobenem Herzen ohne Unterlaß, fort und fort, als sollte es kein Ende nehmen: ‚Sterne sternen manchen Stern, daß zum Zwecke Sterne sternen, walde walde manchen Wald, daß zum Zwecke Wälder walden, zacke zacken manchen Zack, daß zum Zwecke Zacken zakken.' Der Mißbrauch der Unterlage ahndete sich oft grausam, und es erging mir wie dem Zauberlehrling in Goethes Gedicht. Erst viel später erkannte ich das tiefe Wesen solcher ‚sinnlosen Späße' und gestaltete dann bewußt solche

Erlebnisse. Ich wanderte durch viele Dinge, Geschöpfe, Welten, und die Welt der Erscheinung begann zu gleiten, zu ziehen und sich zu verwandeln wie in den Märchen. Die Zimmer, Wälder, Wolken, Sterne, Hüte waren abwechselnd aus Eis, Erz, Nebel, Fleisch, Blut gebildet. Die Dinge begannen zu mir zu sprechen mit der lautlosen Stimme der Tiefe und Höhe.

Wörter, Schlagworte, Sätze, die ich aus Tageszeitungen und besonders aus ihren Inseraten wählte, bildeten 1917 die Fundamente meiner Gedichte. Öfters bestimmte ich auch mit geschlossenen Augen Wörter und Sätze in Zeitungen, indem ich sie mit Bleistift anstrich. Ich nannte diese Gedichte ‚Arpaden'. Es war die schöne ‚Dadazeit', in der wir das Ziselieren der Arbeit, die verwirrten Blicke der geistigen Ringkämpfer, die Titanen aus tiefstem Herzensgrund haßten und belachten. Ich schlang und flocht leicht und improvisierend Wörter und Sätze um die aus der Zeitung gewählten Wörter und Sätze. Das Leben ist ein rätselhafter Hauch, und die Folge daraus kann nicht mehr als ein rätselhafter Hauch sein ...

Viele Gedichte aus der ‚Wolkenpumpe' sind automatischen Gedichten verwandt. Sie sind wie die surrealistischen, automatischen Gedichte unmittelbar niedergeschrieben, ohne Überlegung oder Überarbeitung. Dialektbildung, altertümliche Klänge, Jahrmarktslatein, verwirrende Onomatopoesien und Wortspasmen sind in diesen Gedichten besonders auffallend ... Ich schrieb diese Gedichte in einer schwer leserlichen Handschrift, damit der Drucker gezwungen werde, seine Phantasie spielen zu lassen und beim Entziffern meines Textes dichterisch mitzuwirken. Diese kollektive Arbeit glückte gut. Verballhornungen, Zerformungen entstanden, die mich damals bewegten und ergriffen. Wie mancher mittelalterliche Kopist, sagte ich mir, hat durch Mißverstehen in seine Arbeit tiefsinnigen Geist gelegt! ... In den Jahren 1914 bis 1930 las ich Chroniken aus dem Mittelalter, Volksbücher, Volkslieder; ich las besonders entzückt in ‚Des Knaben Wunderhorn'. Dies Buch klingt ‚wie nie ein Harfenklang und keiner Frauen Sang, kein Vogel obenher'. Ich liebte Gassenhauer, Kommerslieder. Einen großen Einfluß übten auf mich Kindergedichte und Kinderzeichnungen aus. Durch sie wurden andere Welten in mir erweckt. Aus einer unvergeßlichen, dunkelblauen Kinderzeichnung quoll mir ein Gedicht wie süßer Sommernachtsduft entgegen. Ich war unvoreingenommen. Jede lebendige Dichtung bewegte mich, und besonders die gewaltige Dichtung der Natur. Zu Tränen ergriffen lauschte ich dem lautlos brausenden Gedicht des Sternengefieders. Ich wollte die haarsträubenden Rhapsodien der Windsbraut, das Geister-Abc, bei dem es einen kalt zu überlaufen hat, das Bauchreden der vermeintlich unbelebten Dinge, ihr Knarren, Seufzen, Wimmern, Winseln, das Versmaß der nächtlich krachenden Möbel, die Piepspoesie der Angsthasen gestalten ... An der Onomatopoesie versierter Handelsreisender hatte ich meine Freude und verschloß mich auch nicht der Locksprache der Köche, Hirten und Schürzenjäger. Mit welcher Freude ließ ich mich auch durch Zeitungen, diese Brunnenstuben der Dichtkunst, mit poetischem Extrakt speisen. Die Erfindung einer Art synthetischer Dichtkunst war mir gelungen. Ich habe noch verschiedenerlei Wortzucht und Wortokulierung getrieben und mich gerne von der unheimlichen Bildhaftigkeit und Vieldeutigkeit mancher Worte und Silben verführen lassen.

Die Bücher und Gedichtfolgen ,Der Pyramidenrock', ,Die Blumensphinx', ,weißt du schwarzt du', ,Der gestiefelte Stern', ,Vier Knöpfe, zwei Löcher, zwei Besen' sind in jener Zeit geschrieben worden.

Nach dem Tode meiner Mutter, im Jahre 1930, schrieb ich die Gedichte ,Träume vom Tod und vom Leben'. In diesen Gedichten verwende ich öfters die gleichen Wörter. Die unfaßbare Vielfalt, mit der die Natur eine Blumenart in einem Felde anordnet, oder die Folge unendlich verschiedener Bauten, die ein Kind mit den gleichen Steinen eines Baukastens ausführt, haben mich wahrscheinlich angeregt, das gleiche mit Worten zu versuchen ... Schon damals verkehrte ich nur noch selten in literarischen Cafés. Die kindische Überheblichkeit, die groteske Selbstüberschätzung ihrer treuen Gäste hatten mich gleich bei meinen ersten Zusammenkünften abgestoßen. Es waren sehr viele alberne Gesellen unter ihnen, die so taten, als könnten sie das Unbegreifliche begreifen. Ich lernte eine konfuse, unbescheidene Welt kennen, die mich oft aus Zusammenkünften verzweifelt enteilen ließ ...

Nach dem Tode meiner Gefährtin, Sophie Taeuber, 1943, begannen die leidvollsten Jahre meines Lebens ... Den zu Tode Getroffenen beschäftigen die Formprobleme nicht mehr. Er will sich dem unkörperlichen Reiche nähern. Er nimmt Abschied in kindlichen Mitteilungen. Der Unterschied zwischen einem zu Tode Verzweifelten und einem zu Tode Getroffenen ist groß. Der Verzweifelte kann sich in den Bau seiner Verzweiflung verschanzen, dem zu Tode Getroffenen aber stürzt die Welt ein. Die Eitelkeit des Menschen wurde mir unerträglich, und die Kunst und die ,Wirklichkeit' sinnlos."

In den letzten Jahren seines Lebens wurde Arp zum Mahner, zum Warner vor Bombe und Roboter, vor unreflektiertem technischem Fortschritt. Und es spricht für die Wesenhaftigkeit seines Humors, wenn er selbst bei diesem heiligen Ernst immer wieder aufblitzt. In seinem Denken und Streben, seinen Bemühungen um eine unpersönliche, Ich-lose Kunst hat sich Arp in Wort und geformtem Material immer mehr der Einfachheit der Natur angenähert, die schon zu Beginn seines Weges Pate stand. So schuf er über zwei Kriege, Expressionismus, Dadaismus und Surrealismus hinweg ein Werk, das bei allen Wandlungen durch Einheitlichkeit besticht. Angesichts der Schlichtheit seiner Selbstdarstellung scheint vieles von anderen zu seinem Ruhm Gesagte angestrengt und überflüssig. War, wie Alfred Liede über das Fähnlein der ersten Dadaisten schreibt, Hugo Ball der Denker des Dadaismus, Richard Huelsenbeck der Aktivist und politische Revolutionär, Tristan Tzara der ästhetische Blageur, dann Hans Arp der Poet und Künstler. Während die meisten seiner Zeitgenossen gestrig anmuten, hat die Zeit für Arp gearbeitet. Kam er uns „abhanden mit der hand", „abfußen mit dem fuß", steht er als eine der genialen Doppelbegabungen unseres Jahrhunderts vor uns. Die Frage nach aktueller Wirkung beantwortet der Spanier Tapies derart, daß der Widerhall des Peitschenhiebs von Dada auch heute noch die verfaulten Mumien zu Boden werfe und den Himmel blauer fege denn je: „Arp gibt uns die Schönheit des ersten Tages zurück."

Berlin, Juli 1987

Richard Pietraß

Zu dieser Auswahl

Den hier abgedruckten Texten liegt folgende Ausgabe zugrunde:

Hans Arp, Gesammelte Gedichte

Band I: Gedichte 1903–1939, in Zusammenarbeit mit dem Autor herausgegeben von Marguerite Arp-Hagenbach und Peter Schifferli, Verlag der Arche Zürich, 1963

Band II: Gedichte 1939–1957. Limes Verlag Wiesbaden 1974

Band III: Gedichte 1957–1966, herausgegeben von Aimée Bleikasten, Arche Verlag 1984

Diese drei Bände umfassen die zu Lebzeiten von Hans Arp erschienenen deutschsprachigen Gedichte. Für unsere Auswahl nicht mehr abgewartet wurde der in Vorbereitung befindliche vierte Band, der sowohl die nach Arps Tod erschienenen sowie vor allem sämtlichen unveröffentlichten Gedichte aus dem Nachlaß umfassen wird.

Für das Nachwort wurden unter anderem benutzt:

Hans Arp, Unsern täglichen Traum .... Erinnerungen und Dichtungen aus den Jahren 1914–1954, Verlag der Arche, Zürich 1955

Hans Richter, Dada Profile, Verlag Die Arche, Zürich 1961

Dada 1916–1966. Dokumente der internationalen Dada-Bewegung, Ausstellungskatalog des Goethe-Instituts, 1966

Dada in Europa. Werke und Dokumente, Städtische Galerie im

Städtischen Kunstinstitut Frankfurt am Main, Dietrich Reimer Verlag, Berlin (West) 1978
Karl Riha, 113 Dada Gedichte, Verlag Klaus Wagenbach, Berlin (West) 1982
Alfred Liede, Dichtung als Spiel. Studien zur Unsinnspoesie an den Grenzen der Sprache, Verlag Walter de Gruyter & Co., Berlin (West) 1963
Arp 1886–1966. Ausstellungskatalog, Verlag Gerd Hatje, Stuttgart 1986
Hans Arp zum 100. Geburtstag. Ein Lese- und Bilderbuch, herausgegeben von Hans Bolliger, Guido Magnaguagno und Christian Witzig, Kunsthaus Zürich, 1986
Zerstreuung des Alphabets. Hommage à Arp, Hans/Jean Arp zum 100. Geburtstag, herausgegeben von Gregor Laschen, edition „die horen" 5, 1986
Hans/Jean Arp. Text + Kritik 92, Verlag edition text + kritik GmbH, München 1986; darin auch eine ausführliche Bibliographie zum Werk von Hans Arp und weiterer Sekundärliteratur

Die Umschlaggrafik zeigt Hans Arps Holzschnitt „Spaziergang", der erstmals in Herwarth Waldens Zeitschrift „Der Sturm", Nr. 10/1925, abgedruckt wurde. Sie wurde wie das Titelfoto, das Hans Arp um 1922/24 mit dem berühmt gewordenen Nabelmonokel zeigt, von Christel Lehmann, Berlin, reproduziert.

Für großzügige Unterstützung bei der Arbeit an diesem Auswahlband danken Herausgeber und Verlag dem Arche Verlag Zürich, der Stiftung Hans Arp und Sophie Taeuber-Arp im Bahnhof Rolandseck sowie Herrn Ludvík Kundera in Kunstát na Moravě/ČSSR.

Inhalt